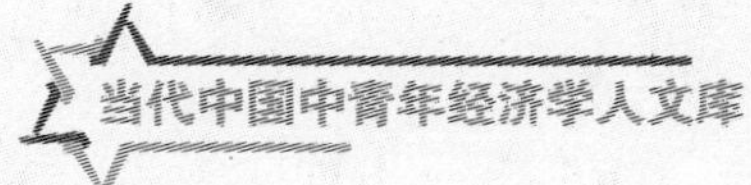


教育部社科规划项目资助
湖南省教育厅青年项目资助
湖南省社科规划项目资助

# 泡沫经济生成机理与防范研究

廖湘岳 著

STUDY ON THE FORMING MECHANISM AND PRECAUTION OF THE BUBBLE ECONOMY

经济管理出版社
ECONOMY & MANAGEMENT PUBLISHING HOUSE

**图书在版编目(CIP)数据**

泡沫经济生成机理与防范研究/廖湘岳著．—北京:经济管理出版社,2008.7

ISBN 978-7-5096-0286-7

Ⅰ．泡…　Ⅱ．廖…　Ⅲ．经济理论-研究　Ⅳ．F0

中国版本图书馆 CIP 数据核字(2008)第 088940 号

出版发行:经济管理出版社

北京市海淀区北蜂窝 8 号中雅大厦 11 层

电话:(010)51915602　　邮编:100038

印刷:北京银祥印刷厂　　经销:新华书店

组稿编辑:郭丽娟　　责任编辑:郭丽娟

技术编辑:杨国强　　责任校对:超　凡

880mm×1230mm/32　　7.25 印张　　163 千字

2008 年 7 月第 1 版　　2008 年 7 月第 1 次印刷

定价:28.00 元

书号:ISBN 978-7-5096-0286-7/F·276

# “当代中国中青年经济学人文库”
# 编委会

# 总 序

在中国近三十年来的改革开放历程中，千百万时代弄潮儿“摸着石头”蹚过了溪流，跨越了江河，在建立社会主义市场经济的实践中艰难探索，中国的经济学人也在其中。伴随着经济发展的进程，中国经济学界出现了百花齐放的喜人局面，其中尤以中青年学者表现最为活跃，成果丰硕。他们对经济建设和社会生活中的许多问题和现象进行了卓有成效的深入分析和探讨，在紧密联系实际问题的理论研究中提出了许多新观点、新方法、新理论，其中不乏具有很高学术水平和实际应用价值的优秀作品。

经济管理出版社决定选择在学术上勇于探索、有所创新，又具有较高理论水平的中青年经济学人的学术专著，结集出版“当代中国中青年经济学人文库”丛书。丛书的作者主要来自中国高等院校和科研院所，受过系统的经济学专业训练，具有比较扎实的经济学理论功底，能够敏感和准确地把握经济社会发展中所遇到的实际问题，并能为中国的经济建设和社会发展谏言献策。“当代中国中青年经济学人文库”丛书为中国中青年经济学人提供了一个发表成果的园地，构建了一个学术交流的平台，使他们能够把自己的研究成果和学术思想更广泛地向社会展示和传播，为学界所分享。

“当代中国中青年经济学人文库”丛书是中国中青年经济学

人立足中国实际国情，研究关系国家发展的重大经济理论问题的优秀成果集萃。当前，随着中国经济的持续蓬勃发展，全世界经济学人都高度关注中国经济发展中出现的各种经济现象和经济关系。中国经济所具有的巨大规模、深厚历史和高度丰富性，为世界经济学界提供了千载难逢的理想样本。中国中青年经济学人具有得天独厚的条件，在研究和分析中国经济建设和社会发展中取得具有重大理论意义和现实意义的成果。鼓励中国中青年经济学人以更大的理论兴趣努力深入研究中国经济问题，也能够促进中国经济学研究水平的提高和中国新一代经济学人的更快成长。“当代中国中青年经济学人文库”的出版发行还将有助于促进中国经济学研究的国际交流，提升中国中青年经济学人在世界经济学界的影响力。

“当代中国中青年经济学人文库”丛书的编辑出版是我国经济学界的一件幸事，更是广大中青年经济学人的一件幸事。祝愿“当代中国中青年经济学人文库”不辱使命，不负众望，真正成为中国中青年经济学人科研成果佳作精品的荟萃之地和瑰宝之库。

**金 碚**

2007年2月2日于北京海淀区世纪城

# 目 录

目 录

# 第一章 绪 论

## 第一节 研究背景和研究意义

### 一、研究背景

自 20 世纪 70 年代开始，发达国家和发展中国家纷纷开始实施金融自由化改革，截至目前，这一改革进程还在继续进行中，尤其是发展中国家。金融自由化的实施使得当前金融领域的发展出现两种趋势——虚拟经济全球化和金融全球化，并已成为世界经济发展不可抗拒的潮流。

**1. 虚拟经济全球化**

虚拟经济是指用货币符号表现商品价值及虚拟资本持有和交易的活动。它经历了从萌芽、形成至扩张的过程，这个过程就是货币虚拟化和货币资本虚拟化。货币虚拟化经历了金属货币、金本位制下的纸币、金本位制解体以后的纸币、信用货币（各种票据和信用卡支付工具）、不可兑现的纸币五个主要发展阶段。货币资本虚拟化按虚拟程度大小依次分为四类：第一类虚拟资本——股票和债券；第二类虚拟资本——政府债券；第三类虚拟资本——资产证券化；第四类虚拟资本——金融衍生物[1]。

虚拟经济是实体经济发展到一定阶段的必然产物。虚拟经济一经产生，便和实体经济保持着一种若即若离的关系。自20世纪80年代以来，虚拟资本在全球范围内不断膨胀，世界主要工业国家和一些新兴市场国家的虚拟经济飞速发展，全球经济形成一个“倒金字塔”形结构，最基础的层面由物质生产构成，第二层面由商品交易和服务贸易构成，顶端层面由完全虚拟的金融衍生品构成。目前全球虚拟经济的总规模已经大大超过实体经济。2003年、2004年和2005年世界各国名义GDP总额分别为367577.3亿美元、412531.6亿美元和444330亿美元，同期全球在有组织的交易所内交易的金融衍生品交易额分别达到8811513亿美元、11522588亿美元和14084134亿美元，分别是前者的24倍、28倍和32倍。同期的金融衍生品交易若加上场外交易额，规模更加惊人。全球金融衍生品市场上的交易规模增长率也远远超过GDP增长率[2]。这说明虚拟经济与实体经济的发展已出现严重背离。

发展虚拟经济，在提高全社会资源的配置效率、缓解通货紧缩问题、分散企业经营风险等方面发挥着积极作用。但虚拟经济偏离实体经济的发展，容易产生经济泡沫或泡沫经济，有可能造成全球经济泡沫化。

**2. 金融全球化**

金融全球化是经济全球化的组成部分。它指的是全球金融活动和风险发生机制日益紧密联系的过程。导致金融全球化的基本因素有三个：一是实体经济因素，主要指生产活动全球一体化和全球贸易的迅猛发展；二是技术因素，其主要方面是方兴未艾的信息技术发展和金融创新；三是金融制度因素，主要是指 20 世纪 80 年代以来的金融自由化[3]。

生产活动全球一体化是金融全球化的基础，它主要表现为传统的国际分工向世界性分工演变。国际分工从传统的以自然资源为基础的分工逐步发展成为以现代工艺、技术为基础的分工；从产业各部门间的分工发展到各个产业部门内部的分工和以产品专业化为基础的分工；从沿着产品界限进行的分工发展到沿着生产要素界限进行的分工；从生产领域分工向服务部门分工发展。随着传统国际分工向现代世界性分工的演进，形成了世界性的生产网络，使各国成为世界生产的一部分，成为商品价值链中的一个环节。推动生产活动全球一体化的直接动力是跨国公司的发展，跨国公司的发展开辟了各国在产业层次、企业层次、产品层次、工艺层次的全面联系。与此同时，贸易的增长以数倍的幅度超过生产的增长，表明对外贸易对各国经济的影响日益增大，各国的生产越来越多地面对全球市场。

导致金融全球化的技术因素包括信息技术和金融技术两个方面。一方面，第二次世界大战以来，信息技术的迅猛发展使得资金和信息有可能超越时间、空间和国界的限制，参与全球交流，从而极大地扩展了全球化的广度和深度。另一方面，在科学技术发展的基础上进行的金融创新，通过不断地发掘原有金融产品的多方面特性满足人们多方面的需求，规避既有的管制法规，成为金融全球化的又一技术因素。20 世纪 60 年代末期以来开始于发达市场经济国家中的金融创新，从根本上改变了整个金融业的面貌。新的金融工具、新的金融市场和新的金融机构不断涌现，为金融全球化提供了适当的载体。

金融全球化的金融制度因素，主要指的是 20 世纪 80 年代以来全球的金融自由化运动。这种金融自由化，在发达国家主要表现为放松金融管制，在发展中国家则主要表现为金融深化。金融自由化使得利率能更为灵敏地反映资金供求，金融机构能够更为自由地从事各种金融活动，资金能够更为自由地跨国界流动。金融自由化将各个国家的国内金融活动日益融合在全球金融的大潮之中，构造了一种真正的金融活动的全球基础。

在金融全球化趋势下，多元化和更有效率的资本流动，对于提高资源在全球配置的效率，促进国际贸易的增长和各国经济的发展，产生了积极的作用。但与此同时，金融全球化也意味着全球金融风险发生机制相互联系日益紧密且趋同，即金融风险的全球化。随着金融全球化的发展，金融危机的连锁反应速度不断加快，危机的蔓延效应不断扩大。

## 二、研究意义

### 1. 现实意义

自 20 世纪 80 年代以来，泡沫经济的出现越来越频繁。以日本、美国为代表的发达国家，以墨西哥、泰国为代表的发展中国家和以俄罗斯为代表的正在进行体制转轨的国家都先后经历过泡沫经济。我国虽然没有形成泡沫经济，但多次出现经济泡沫。从 1992 年以来，我国先后出现股票泡沫和房地产泡沫，政府依靠强有力的宏观调控措施，对尚处在膨胀过程中的经济泡沫及时挑破。近几年来，我国面临着流动性过剩的压力，股票价格和房地产价格持续、快速地上扬，部分城市的房地产和部分股票出现了泡沫，而目前所处的宏观经济环境与 80 年代下半期日本的情况非常相似，房地产泡沫和股票泡沫有可能继续膨胀，甚至演变成泡沫经济。

从历史上看，泡沫经济最终会破灭，并对该国经济和世界经济的发展造成极大危害。对内，扰乱市场秩序，降低经济系统的生产效率，使经济脱离较优的平稳增长路径；影响经济系统的分配结构、福利状况和投资者对未来经济的信心；导致企业大量破产、银行持有巨额不良债权，引发金融危机乃至经济危机。对外，泡沫经济形成和破灭过程中资产价格的异常波动及由此引发的金融危机，通过贸易、金融和心理等渠道，对周边国家甚至整个世界经济产生巨大的冲击，形成区域性或世界性金融危机，使这些国家经济增长速度减缓。泡沫经济产生的巨大危害已引起各经济主体和政府决策者的极大关注。因此，本书研究泡沫经济的防范与治理具有深远的现实意义。

**2. 理论意义**

（1）严格界定经济泡沫和泡沫经济的内涵，澄清理论界在经济泡沫和泡沫经济定义上的认识偏差，为研究泡沫经济奠定基础。

（2）探讨泡沫经济的表现特征和运行规律，进一步加深理论界对泡沫经济现象和本质的理解。

（3）系统地揭示泡沫经济的生成机理，为政府决策者防治和治理泡沫经济提供理论依据。

## 第二节 国内外研究动态

泡沫经济是当代经济学的前沿研究领域。国内外学者对该领域开展了较深入的研究，取得了较丰硕的成果，大致可以归纳为以下几个方面。

## 一、关于泡沫的含义

美国经济学家金德尔伯格（C. Kindleberger）认为，泡沫是一个由资产价格从持续上涨到价格暴跌的过程，强调了预期在这个过程中特别是在价格逆转过程中的重要作用。斯蒂格里茨（Joseph E. Stiglitz，1990）也认为，当投资者预期未来某种资产以高于他们期望的价格出售时，这种资产的现实价格将上升，从而出现泡沫。日本学者铃木淑夫（1990）、三木谷良一（1998）等认为，泡沫是资产价格相对于经济基础条件背离的膨胀过程。

在国外学者研究的基础上，国内学者主要从泡沫资产价格偏离经济基础角度来理解泡沫经济的含义。王子明（2002）从理性预期和非均衡分析的角度，认为泡沫是某种价格水平相对于经济基础条件决定的理论价格的非平稳性向上偏移[4]。葛新权（2004）指出，泡沫是一种资产的价格受投机预期驱动超过其真实价值的部分[5]。周京奎（2005）认为泡沫本质上是一种价格运动现象，是由于人们的预期具有趋同性而产生的投机行为导致资产价格偏离市场基础的持续上涨[6]。

## 二、关于泡沫的形成机理

学术界主要从市场主体是完全理性还是有限理性以及泡沫产生的宏观原因和微观机制两条路径来探讨泡沫的形成机理。

就第一条路径而言，自20世纪80年代理性泡沫概念提出以来，理论界试图用市场主体的完全理性来解释泡沫的形成。弗卢德和嘉伯（Flood and Garber，1980）首次引入理性预期模型解释泡沫。不久，布兰查德和沃特森（Blanchard and Watson，

1982）建立了完全信息下的无限型理性泡沫模型，指出了泡沫的形成过程。艾伦和戈顿（Allen and Gorton，1993）运用不完全信息下的有限型理性泡沫模型，分析了基金管理者个体理性行为也会导致泡沫。尽管理性泡沫理论有较好的分析框架，可以对泡沫形成过程作些解释，但其前提条件很难与现实相吻合。在现实经济生活中，市场并非总是有效的，非理性泡沫往往成为常态。噪音交易理论在这种情况下应运而生，试图在放松理性预期和有效市场假设的前提下解释泡沫的成因。布莱克（Black，1986）认为噪音交易是在没有掌握内部信息的情况下，将自己获得的信息当做有效信息来对待，并据此做出非理性的交易行为。德隆等（Delong，Shleier，Summers and Waldmann，1990）开创性地提出噪音交易理论，认为尽管长期内套利交易者可能会促使资产价格回归至基础价值，但是至少在短期内，他们助长了泡沫的形成和膨胀。

关于泡沫成因的另一路径是分析泡沫形成的宏观和微观机制。林杰瑞恩（1996）认为金融自由化加速了经济泡沫的形成，并强调金融自由化为经济泡沫产生提供了制度基础。许多日本学者（如宫崎义一、奥村洋彦等）认为宏观经济政策的不合理安排是导致日本泡沫经济的基础，也是泡沫破灭的导火线。从投资行为的微观机理来看，艾伦和格尔（Allen and Gale，2000）研究了银行体系中因代理问题而引起的泡沫。安德里森和克劳斯（Andreassen and Kraus，1988）通过实验模拟了股票、外汇及房地产等资本市场的正反馈交易现象，发现投资者有跟风的倾向。弗兰克和弗鲁特（Frankel and Froot，1988）以及希勒（Shiller，1988）通过市场调查发现投资者决策时存在外推预期。德隆等发现理性投资者利用正反馈交易获利，推动了价格上升和泡沫的形成，还发现正反馈投资者和理性投资者都有可能对信息反应过度，从而使得价格上升的幅度超过信息所能证明的合理范围。另外，一些学者用“羊群行为”理论来解释资产市场上的过度波动、时尚和泡沫现象[7]。

## 三、关于泡沫的存在性检验

从目前学术界已有的成果来看，泡沫的检验方法可以分为两类：一是间接检验；二是直接检验。间接检验又可以进一步分为：方差界检验、设定性检验、单位根和共积分检验。间接检验方法的基本思路是把市场价格可以用未来各期股票红利的理性预期贴现值来解释的情况作为零假设，如果检验结果拒绝零假设，就认为经济可能存在泡沫。代表人物有希勒（Shiller，1979，1981）、莱罗依和波特（Leroy and Poter，1981）、马什和莫顿（Marsh and Merton，1986）、布兰查德和沃特森（Blanchard and Matson，1982）、坎贝尔和希勒（Campell and Shiller）以及国内学者周爱民（1998，1999）、潘国陵（2000）等。

直接检验是利用实际经济的运行数据，直接检验特定形式的理性泡沫的显著性，并据此判断经济是否存在该形式的理性泡沫。目前学者们只对两种理性泡沫进行了直接检验：一种是确定性理性泡沫，代表人物是弗卢德和嘉伯（Flood and Garber，1980）；另一种是内生性理性预期泡沫，代表人物是弗卢德和奥伯斯费尔德（Flood and Obstfeld，1991）。

## 四、关于泡沫的测定

关于泡沫的测定，目前学术界主要存在三种研究思路。第一种思路，从泡沫的定义即资产的基础值出发，通过比较实际价值同理论价值的差异来度量泡沫程度，称之为基础测定法。日本学者野口悠纪雄（1989）研究了东京市中心写字楼用地和住宅用地的现实地价和理论地价的差异。中尾宏（1996）采用了收益还原模型计算了东京首都商业用地的历年理论价格。南开大学黄名坤博士（2002）对日本20世纪八九十年代的经济泡沫作了实证分析。第二种思路，从虚拟资本偏离实体经济来度量泡沫，称为虚拟资本与实体经济比较法。美国经济学家戈德史密斯（Goldsmith，1994）提出了金融相关比率法，金融相关比率是指某一时点上现存金融资产量与国民财富之比。他认为，该比率可以大至一国经济发展中的金融含量，也能从某一侧面反映经济泡沫化的程度。第三种思路，从动态的角度测定泡沫的变化速度，即泡沫膨胀速度法。张文凯和包建祥（1999）提出用股票市值增长率同名义 GDP 增长率的比值来度量泡沫的变化速度。黄贵昕（2001）在前者基础上提出了泡沫膨胀速度模型（股市泡沫膨胀速度＝股票市场价格指数增长率/GDP 增长率）[8]。洪开荣（2001）根据住宅空置率、GDP 增长率、房地产增长率和个人购房比计算年度泡沫系数。谢经荣等（2002）运用地价增长率/GDP 增长率和房价/家庭年平均收入来判断泡沫的严重程度。刘琳等（2003）选用房地产价格增长率/GDP 增长率、房价收入比、住房按揭款/居民收入三个指标，采用几何平均法计算 q 值来衡量泡沫的大小。

## 五、关于泡沫对经济的影响

在研究泡沫对经济影响的文献中，有人认为泡沫对经济有害，也有人认为无害。蒂罗尔（Tirole，1985，1990）认为，如果经济是动态有效的，则不可能存在正值的资产泡沫；如果经济是动态无效的，则资产泡沫会减少过度积累，增加人均消费，消除经济的无效性。韦尔（Weil，1987）将蒂罗尔的结果推广到随机的情况，得到了相似的结论。史莱佛和萨默斯（Shleifer and Summers）采用噪音交易模型研究了资产泡沫的效应，得出的结论是股市泡沫创造了额外的价格风险，增加了经济中的不确定性，减少了实物资本的投资效益，使经营管理者更注重短期利益，而忽视了长期投资。亚那嘎瓦和格鲁斯曼（Yanagawa and Grossman）研究了内生增长经济中的资产泡沫，他们发现资产泡沫可以阻碍经济增长，减少后代财富[9]。施瓦尼和威尔布兰德（Shirvani and Wilbratte，2002）发现股票市场存在财富效应，并且由于家庭持股的广泛性和持股比例的增加，股票市场的财富效应在20世纪90年代大大提高了。在股票等资产市场形成泡沫时，会在一定程度上刺激消费，从而对经济发展产生一定的促进作用。布兰查德（Blanchard，1981）提出，在泡沫形成中，托宾q值明显增加，会使企业增加投资。

国内学者李方（1998）、扈文秀（2000）、吴开兵（2000）、梁宇峰（2001）、王子明（2002）等普遍认为泡沫最终会破灭，将对经济造成不利的影响和后果。

## 第三节　研究方法与内容

### 一、研究方法

**1. 调查分析的方法**

运用多种调查手段收集资料、文献，通过对资料、文献进行去粗取精、去伪存真的分析整理，得到符合实际的第一手资料、文献。

**2. 系统研究的方法**

运用系统的观点，将研究对象作为一个系统，从部分入手、整体把握，分析并研究它们的内容与体系，提出研究泡沫经济的思路。

**3. 定性分析与定量分析相结合的方法**

不仅定性分析了泡沫经济的运行规律、经济泡沫的存在性、经济泡沫膨胀的宏观原因和泡沫经济的形成、破灭机制，也定量分析了经济泡沫形成的微观机制、经济泡沫对消费、投资和国民收入的影响及泡沫经济破灭对一国乃至世界经济的现实影响。

**4. 比较分析与历史分析相结合的方法**

对经济泡沫和泡沫经济的相关概念进行比较分析，进一步界定经济泡沫的内涵；对日本、泰国和美国泡沫破灭后的治理政策进行比较和评价，在此基础上提出泡沫破灭后的治理政策和措施，以供各国政府决策者参考。同时，运用历史分析的方法，对泡沫经济的表现特征、基本特点和运行规律进行归纳总结。

## 二、研究内容

本书以国内外学者已有的研究成果为基础，系统地研究泡沫经济的内涵、表现特征、基本特点和运行规律，进一步揭示泡沫经济形成的微观机理和宏观坏境，阐述泡沫经济形成和破灭对一国和世界经济的影响，最后提出金融全球化条件下泡沫经济的防范与治理措施。本书在结构上共分为七章，第一章为绪论，第二章至第七章为正文。

第一章绪论中阐述虚拟经济全球化和金融全球化背景下本书研究的现实意义和理论意义，并对国内外与泡沫有关的研究进行综述。最后概述本书所采用的研究方法、研究内容、主要创新与不足。

第二章研究泡沫经济的内涵与运行规律。首先，在评介现有泡沫经济定义的基础上，指出了现有定义的不足，并对经济泡沫与泡沫经济的内涵进行严格的理论界定。经济泡沫与泡沫经济是两个完全不同的概念，前者属于微观经济范畴；后者属于宏观经济范畴。经济泡沫反映的是一个或几个市场（全国性或地方性的）资产价格与其内在价值的非均衡偏离部分，而泡沫经济是指在一个或几个市场由投机需求（虚假需求）形成的经济泡沫通过一定的传导机制拉动社会有效需求而形成的虚假繁荣经济。并进一步指出：经济泡沫是前提，泡沫经济是结果，要实现经济泡沫向泡沫经济的演变，需要一定的条件。为更好地把握经济泡沫与泡沫经济的内涵，分别阐述经济泡沫与通货膨胀、泡沫经济与虚拟经济和经济周期的关系。其次，分析各类资产作为经济泡沫载体的必要条件，并从历史的角度考察作为经济泡沫载体的演变趋势，即从一般商品发展到虚拟资产。最后，对金融全球化条件下泡沫经济的基本特点及泡沫经济的运行规律进行深入探讨。高股价、高货币供应量和信用膨胀是所有国家泡沫经济的共同特征；金融全球化条件下泡沫经济表现了与以往泡沫经济所不同的特点，即全球性、频繁性和扩散性；针对泡沫经济的运行规律，构建泡沫经济形成、繁荣和破灭的三阶段模型。

第三章分析经济泡沫存在的可能性及其原因。从理论和实证的角度指出了有效市场假说的局限性，接着进一步推导出任何市场都不是有效市场，经济泡沫出现的可能性是存在的。经济泡沫的出现，与投资者的投资行为有关。绝大多数的人类决策行为是有限理性的，当涉及与统计有关的投资行为时，人的心理状态会扭曲推理过程，常常会导致一些不自觉的偏误。根据环境的不确定性及投资者自身固有的认知偏差，构造了投资者心理及行为变化模型，指出投资者的非理性行为必然导致经济泡沫的出现。经济泡沫的出现，也与资产的特性有关。资产基本价值的难以确定及内在供给刚性为经济泡沫的存在提供了可能。

第四章分析经济泡沫形成的微观机制。根据市场是否有效以及参与人是否具有完全理性，经济泡沫分为理性泡沫和非理性泡沫。在信息完全充分的条件下，只有存在无限个投资者才可能产生理性泡沫（无限型理性泡沫）；在信息不完全的情况下，投资者数量有限时也可能产生泡沫（有限型理性泡沫）。理性泡沫模型可以对泡沫形成过程作些解释，但其前提条件很难与现实相吻合。因为市场并非总是有效的，非理性泡沫往往成为常态。对非理性泡沫的形成过程，必须运用行为金融理论才能做出合理的解释。噪音交易者的行为、投资者的反应过度和反应不足、投资者的正反馈交易和套利行为等在微观层面上引发了经济泡沫的形成。在金融市场中许多行为都可以被认为是正反馈交易，这主要源于：投资者风险溢价的变化；投资者对价格预期采用简单外推的做法；“狼群行为”。从行为生态学角度看，根据动机和行为特征，在价格上涨阶段，投资者的从众行为表现为一种“狼群行为”，以对应于价格下跌阶段投资者的羊群行为。总之，无论投资者是理性行为还是非理性行为，在基本价值难以确定及内在供给刚性的资产上，泡沫随时都可能产生，只是有时表现为正泡沫，有时表现为负泡沫。

第五章研究经济泡沫膨胀的宏观环境。泡沫的出现是一种随机现象，有时也会持续膨胀。经济泡沫的持续膨胀是有条件的，它必须依赖于合适的宏观环境。在经济周期所处阶段上，投资者在经济繁荣阶段对未来的乐观态度会加强，过分相信经济周期的繁荣期会延长，带有明显的新经济情结，从而推动股价和房地产价格节节攀升，促使泡沫膨胀。在货币政策上，宽松的货币政策通过影响投资者的预期收益率、股息及地租、资产市场的供求状况等，导致了资产泡沫的膨胀。宽松的货币政策长期存在，在于货币当局在运用货币政策时面临着种种困境，如货币政策中间目标的选择上、股价如何纳入货币政策目标上和具体操作上。在经济制度上，金融监管不力和金融自由化，将出现大量银行资金和外资用于投机活动，使资产泡沫加剧。在技术进步上，信息的广泛传播和资金的快捷划拨也成为促成资产泡沫膨胀的因素。

第六章分析泡沫经济的形成与破灭。经济泡沫的持续膨胀本是一种微观经济现象，可通过刺激消费需求和投资需求而拉动社会有效需求，进而影响宏观经济总量，形成虚假繁荣的经济——泡沫经济。由于庞兹游戏结束、宏观经济环境恶化、经济政策的转变及投资者心理的变化，经济泡沫必然会破灭。经济泡沫破灭，往往以价格暴跌的方式出现，通过影响消费和投资，进而减少社会有效需求，出现国民收入水平的不断下降，使经济的虚假繁荣景象消失——泡沫经济破灭。泡沫经济破灭，不仅对一国的微观经济、经济结构及宏观经济产生极大的危害，也还通过贸易、金融、心理等渠道，对周边国家甚至整个世界经济产生巨大冲击，形成区域性或世界性金融危机。

第七章探讨泡沫经济的防范与治理。泡沫经济的形成离不开经济泡沫的微观生成和宏观环境支持下的经济泡沫膨胀。对于泡沫经济的防范，相应地从微观和宏观两个方面同时采取措施，对经济、金融运行过程中经济泡沫产生和膨胀的可能性予以抑制。微观上，约束投资者的非理性行为，营造公平竞争的市场环境，培育理性投资，尽可能减少投机泡沫的出现；宏观上，加强金融监管，有效监督银行资金和国际资本的合理、有序流动。同时，加强国际协调和各国政府宏观调控，促进全球经济和各国经济均衡发展，引导资金均衡流动，切实抑制经济泡沫的膨胀，或者缩短经济泡沫的持续时间，以阻止经济泡沫演变成泡沫经济。由于政治上的阻力、技术上识别泡沫经济的局限和政策调整的难度，难以杜绝泡沫经济的出现。在泡沫经济的治理上，分为破灭前的治理和破灭后的治理。加强泡沫经济破灭前的治理，其目的在于尽可能缩短泡沫经济的持续时间，减轻泡沫破灭对经济的破坏程度。针对各国政府过去治理泡沫经济的经验教训和国内外学者在治理政策上的理论探讨，提出加强廉政建设、构建泡沫经济预警系统、控制资金的流向和流量等对策建议。最后在对日本、泰国和美国泡沫破灭后治理政策进行比较和评价的基础上，分析各国政府选择治理政策的原则，提出三条政策措施，尽可能将泡沫破灭后造成的损失最小化。

## 第四节　创新与不足之处

### 一、创新之处

**1. 构建了新的研究框架**

本书从经济泡沫与泡沫经济的内涵界定入手，对经济泡沫的存在性、经济泡沫形成的微观机制、经济泡沫在宏观环境下的持续膨胀、经济泡沫通过消费和投资渠道影响国民收入变化、泡沫经济形成、泡沫经济防范与治理等一般规律进行系统研究，为探讨泡沫经济构建了一个新的研究框架。

**2. 引入了新的研究方法**

运用行为金融理论和方法，着重从微观角度分析了投资者行为变化如何影响泡沫的生成和破灭，为探讨泡沫经济引入了一个新的分析工具。

**3. 提出了新的研究观点**

本书在论述中提出了一些新的研究观点。主要有：①经济泡沫是前提，泡沫经济是结果。在一个经济系统中存在经济泡沫，并不必然导致泡沫经济，泡沫经济不是经济泡沫在数量上积累的结果。经济泡沫向泡沫经济演变，需要适当的时机和泡沫的持续膨胀。②泡沫经济的运行有一定的规律，一般会经过形成阶段、繁荣阶段和破灭阶段。③经济泡沫在形成和持续膨胀过程中对国民收入的影响是不平稳的，会出现J曲线效应。

## 二、不足之处

泡沫经济的生成机理与防范研究是当代经济学的前沿问题。由于理论成果借鉴和数据资料获得的局限性，以及作者的能力和水平有限，作者认为至少在以下两个方面还有待进一步研究。

**1. 经济泡沫与泡沫经济的定量研究**

若不能准确地测定一国经济系统内经济泡沫的大小及经济泡沫向泡沫经济演变的临界点，必然影响到防范对策的效果。

**2. 经济场力对价格的作用机制研究**

在物理场中的物质运动可能受到万有引力、电磁力或人的外力作用，而经济场中资产价格变动除受人的直接作用外，或许还受到通过人的间接作用所表现的经济场力的影响，可经济场力如何影响价格、在多大程度上影响价格变动，目前尚不能找到明确的答案。

**注释：**

[1] 刘骏民．从虚拟资本到虚拟经济［M］．济南：山东人民出版社，1998.40～42

[2] 李方．全球经济失衡下的金融泡沫经济［J］．国际金融研究，2007（4）：66～67

[3] 李扬．金融全球化问题研究［J］．国际金融研究，2002（7）：8～10

[4] 王子明．泡沫与泡沫经济非均衡分析［M］．北京：北京大学出版社，2002.6～7

[5] 葛新权．泡沫经济理论与模型研究［D］．首都经贸大学，2004.14～15

[6] 周京奎．金融支持过度与房地产泡沫［M］．北京：北京大学出版社，2005.5～6

[7] 王雪峰．国内外有关资产泡沫理论的新发展［J］．江西财经大学学报，2006（2）：48～50

[8] 王雪峰．国内外有关资产泡沫理论的新发展［J］．江西财经大学学报，2006（2）：50～51

[9] 葛新权．泡沫经济理论与模型研究［D］．首都经贸大学，2004.11～12

# 第二章　泡沫经济的内涵与运行规律

## 第一节　经济泡沫的内涵

自然界的泡沫是指聚集在液体中或分散在固体中的气泡，它存在两种形态。第一种是由外力的作用而引起的物理泡沫。比如向平静的水面投入一块石头，立刻会激起水面上出现许多水泡，接着马上消失，这些水泡里面除了空气外，什么都没有。第二种是由几种物质发生化学反应而引起的化学泡沫。比如放一匙洗衣粉到玻璃杯中，然后向玻璃杯中倒水，瞬间会出现无数个气泡。若用吸管吹，气泡会越吹越大，绚丽夺目的气泡越大，迸裂得就越快。人们凭肉眼可以感知到这两种泡沫的出现及破灭。自然界的“泡沫”这一名字已被经济学界借用来形容一国资产价格的大起大落的现象，也就是说资产价格的暴涨缺乏经济基础条件的支撑，它必然会出现暴跌。这个借喻虽然可以帮助人们更好地认识经济泡沫现象，但经济泡沫在内涵、现象特征和形成与破灭机理上都不同于自然界的泡沫，并已引起经济学界和政府的高度关注，国内外众多学者对经济泡沫已展开了一定程度的研究，取得了一些阶段性成果，但在对经济泡沫内涵的认识上，还不够深入。本书将对经济泡沫的内涵作进一步探讨。

## 一、经济泡沫的定义

在检索当代学者对经济泡沫与泡沫经济研究的有关文献时，作者发现他们在以下几点上还未能达成共识。第一，对经济泡沫与泡沫经济的概念未能达成共识。多数学者把经济泡沫与泡沫经济的概念混为一谈，只有少数学者认为经济泡沫与泡沫经济是两个不同的概念，并对二者的内涵作了尝试性的界定。第二，对经济泡沫的理解未能达成共识。一些学者（如美国的金德尔伯格、日本的铃木淑夫）认为经济泡沫指的是资产价格急速膨胀后又突然破裂的动态过程；另一些学者则认为，经济泡沫不是动态过程，而是指资产价格与其内在价值的偏离部分。第三，对经济泡沫的发生载体未能达成共识。多数学者认为经济泡沫的发生载体只能是金融市场中的金融资产或房地产市场中的不动产；而有的学者则认为经济泡沫的发生载体也可以是一般商品。第四，将经济泡沫与通货膨胀等同起来，认为两者之间没有本质区别。笔者认为，在泡沫经济的防范和治理上，只有解决上述四个问题，澄清认识，才能做到对症下药。

其实，经济泡沫与泡沫经济是两个不同的概念，经济泡沫是指资产市场价格与其内在价值的非均衡偏离部分，又称资产泡沫或价格泡沫。为正确地把握经济泡沫的定义，必须掌握二条要义：第一，资产包括实物资产和金融资产，只要条件具备，实物资产和金融资产上都有可能存在泡沫。第二，只有当资产的市场价格与其内在价值出现非均衡的偏离时，才能认为

该资产存在泡沫。在价值规律作用下，价格一般围绕价值上下波动，即资产的市场价格偏离其内在价值呈现一种均衡的稳态。假定 $P_0$ 表示资产的内在价值，P 表示资产的市场价格，k 是一个比例系数，当 $|(P-P_0)/P_0|\leqslant k$ 时，资产价格对价值的偏离是一种正常的资产价格波动。尽管经济系统无论是短期还是长期都有趋向均衡的趋势，可在经济发展过程中往往会出现种种非均衡现象，如资产价格对价值的非均衡变动，这种非均衡变动在市场机制作用下无法在短期内达到均衡，出现资产价格对价值的长期偏离。当 $|(P-P_0)/P_0|>k$ 时，资产的市场价格出现非均衡变动，其超出均衡变动幅度以上部分就是本书所要研究的泡沫。第三，无论资产内在价值上升或下降，都可能出现泡沫。市场价格高于其内在价值的非均衡部分，属于一种正偏离，意味着存在正的经济泡沫（见图 2.3、图 2.4、图 2.5）；市场价格低于资产内在价值的非均衡部分，属于一种负偏离，意味着存在负的经济泡沫（见图 2.6、图 2.7、图 2.8）；市场价格围绕其内在价值的均衡变动，资产中没有泡沫（见图 2.1、图 2.2）。

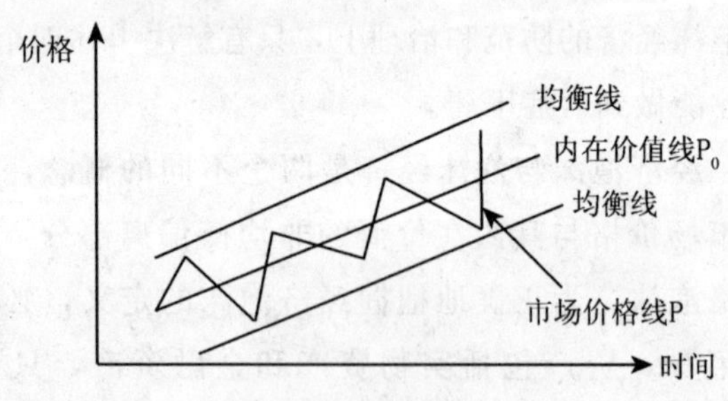


**图 2.1　无泡沫**

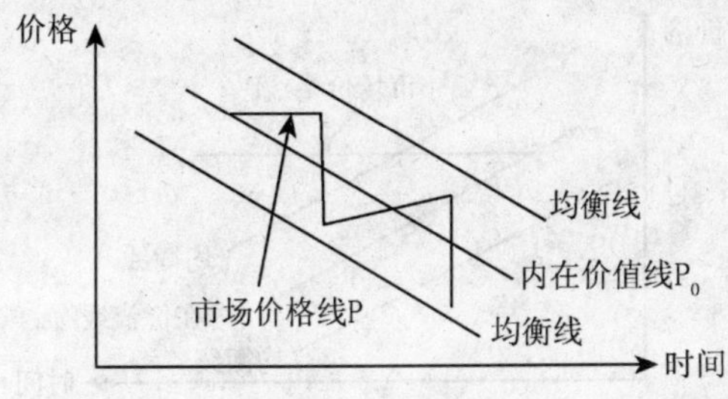


图 2.2 无泡沫

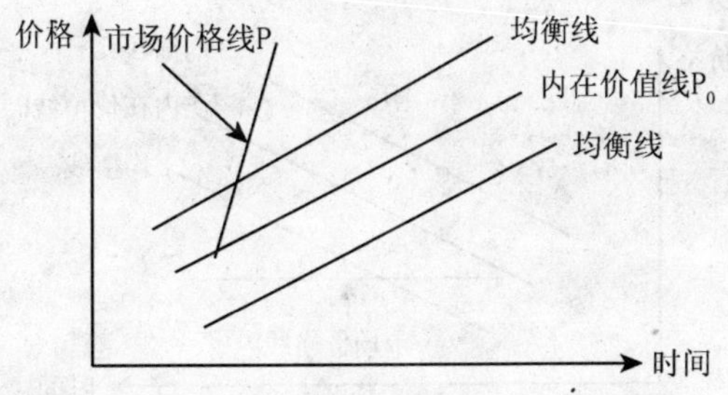


图 2.3 正泡沫

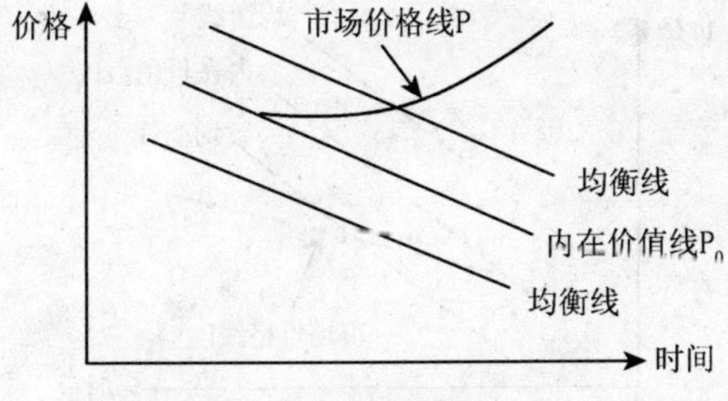


图 2.4 正泡沫

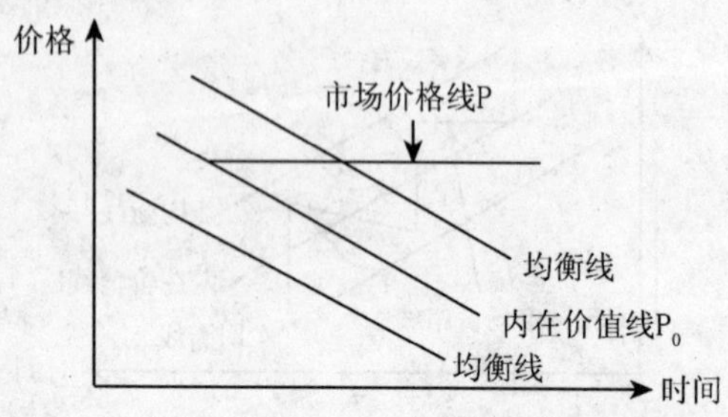


图 2.5　正泡沫

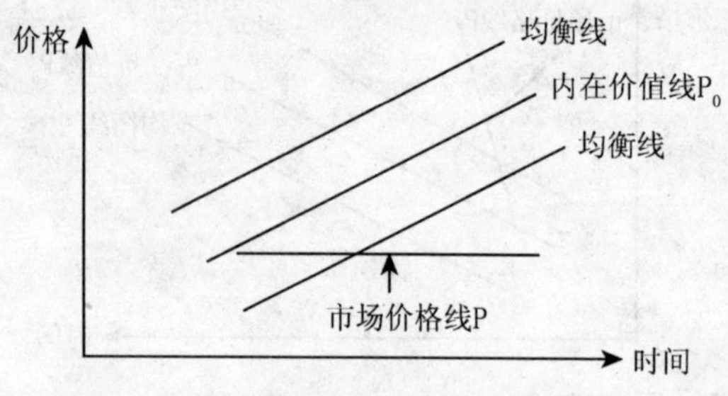


图 2.6　负泡沫

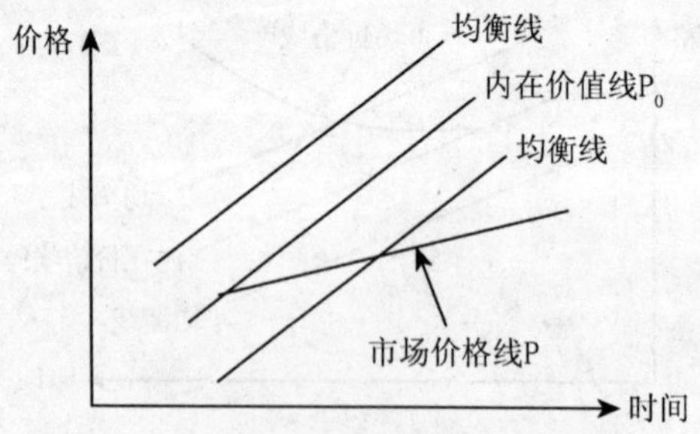


图 2.7　负泡沫

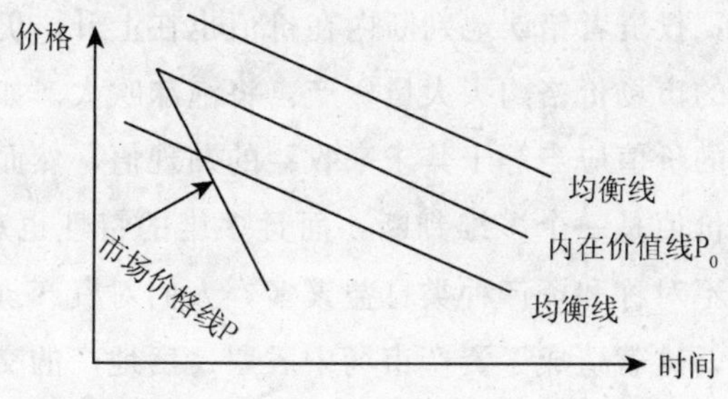


图 2.8　负泡沫

## 二、经济泡沫的载体

泡沫的产生需要一定的附着物，经济泡沫也不例外，它的产生同样需要附着物，即载体[1]。并非所有资产都可以作为经济泡沫的载体，一种资产是否能作为经济泡沫的载体，需要具备以下几个条件：

（1）供给弹性低。所谓供给弹性，是指某一商品供给量对其价格变动的反应程度或敏感程度[2]。那些供给弹性高的资产，价格上升，会出现供给增加，从而使价格上升缓慢，有时甚至由于供给的大量增加导致价格下跌。对于供给弹性低的资产而言，价格上升，供给并不同时增加或者减少，若存在投机需求，使资产价格远远偏离资产价值，供给的有限性无法在短期内将资产价格带回到资产价值，从而出现经济泡沫。在某一段时期内，股票、房地产等资产的供给量很难增加，因此，在股票和房地产等资产市场上最容易出现经济泡沫。

（2）内在价值难以确定。在市场经济条件下，由于价值规律的作用，资产的市场价格一般围绕内在价值上下波动。如果某种资产的内在价值难以确定，即使其内在价值不变，在市场价格上升的情况下，投资者错误地判断内在价值也在上升，仍然会以高于内在价值的市场价格购买大量资产，将泡沫吹大。如股票、房地产等资产的价值应当等于其未来收益的贴现值，然而股票、房地产等资产价值是一个多维判断，而且多维的特性也难以度量，再加上信息不对称和资产种类日益繁多，人们对资产价值的判断越来越困难，这就造成了资产市场中股票、房地产的交易价格与其内在价值的背离。

只要满足作为经济泡沫载体的必要条件，任何资产上都可能存在泡沫，无论是一般商品还是虚拟资产。不过，从历史角度来考察，作为泡沫经济载体的资产已从一般商品发展到虚拟资产。

## 三、经济泡沫的类型

对经济泡沫如何分类取决于所采用的标准，根据不同的标准，可以得到不同的分类结果。

从泡沫的表现方式出发，汉密尔顿（Hamilton，1986）将经济泡沫分为两种：确定性泡沫和随机性泡沫，进而将随机性泡沫又分为崩溃性泡沫和连续再生性泡沫两种。在实践中，人们通常所说的经济泡沫几乎都是随机性泡沫，确定性泡沫只不过是理论上的一个特例而已。

从经济泡沫发展演变的过程出发，布兰查德和费希尔（Blanchard and Fisher，1989）把经济泡沫分为三种形态：永久扩张型、突然爆炸型和逐渐消失型。永久扩张型是建立在严格的经济学假定基础上的一种理论抽象：当事人的无限期界和完全理性预期。它通常用来描述在泡沫产生的初期，经济泡沫以比较平稳的速度逐渐扩张。而实际上人是有限期界和有限理性的，这种扩张过程是不可能持久的，泡沫膨胀的速度会逐渐加快，以至于演变成突然爆炸型泡沫。受外来冲击（如政府干预或金融政策变化等）或资产价格增长速度低于资产价值的增长速度，经济泡沫将会成为逐渐消失型泡沫。

从形成泡沫的内生与外生原因出发，弗鲁特等人（Floot et al.，1994）将泡沫分为内在泡沫和外在泡沫。对于泡沫的形成与资产内在的基本价值有关的，他们称之为内在泡沫；对于因外来因素的影响而产生的泡沫，他们称之为外在泡沫。

根据市场是否有效以及参与人是否具有完全理性，布兰查德和沃特森（Blanchard and Watson，1982）将经济泡沫划分为理性经济泡沫和非理性经济泡沫[3]。在市场完全有效和每个市场参与者理性行动的前提下，产生的泡沫称为理性经济泡沫；那么在市场不是完全有效和每个市场参与者的行为不是完全理性的情况下，产生的泡沫就是非理性经济泡沫。

从经济泡沫所附着的载体出发，经济泡沫分为实物资产上的经济泡沫和虚拟资产上的经济泡沫。实物资产上的经济泡沫又可进一步分为消费性实物资产泡沫、生产性实物资产泡沫和投资性实物资产泡沫；虚拟资产上的经济泡沫又可进一步分为货币性资产泡沫、权益类资产泡沫和衍生类金融资产泡沫[4]。

从支撑泡沫的资金来源来看，经济泡沫可以划分为内嵌式泡沫（支撑泡沫的资金来源于经济系统内部的资本存量）和外挂式泡沫（支撑泡沫的资金来源于外部的信用扩张）[5]。从历史的经验来看，泡沫的膨胀起源于一个随机事件（外来冲击或重大政策调整），造就了资产的高收益，对整个经济系统产生冲击。膨胀后的泡沫资产会从生产领域吸收资金，这时泡沫具有内嵌式的特征；资产膨胀的高收益也会吸引银行的信贷资金，导致整个社会信用的扩张，这时的泡沫具有外挂式特征。现实经济中的泡沫一般是这两种形式的混合体。

## 四、经济泡沫与通货膨胀

在对经济泡沫与通货膨胀进行比较之前，很有必要弄清通货膨胀的定义和测定。关于通货膨胀的定义有各种各样的说法和解释，直到今天也没有形成比较统一的结论。尽管众多的解释有一定差别，但大致可分为两大类：一类观点是偏重通货膨胀造成的结果，即指一般物价水平出现持续性的普遍上升的过程称之为通货膨胀；另一类观点是强调通货膨胀发生的原因，指出当货币量增长的速度超过了生产增长的速度，即流通中货币供应量超过实际需要量时会发生通货膨胀。目前越来越多的学者倾向于把这两方面的内容结合起来给通货膨胀下定义，即认为通货膨胀是指流通中货币数量的持续和过度增长而引起物价水平（包括商品和劳务）全面和持续的上涨。如何测定通货膨胀的高低和严重程度呢？一般引入通货膨胀率指标，通货膨胀率是以统计的消费物价指数、批发物价指数以及国内生产总值（GDP）平减指数来表示。消费物价指数亦指零售物价指数，它是根据对有代表性的所有商品和劳务的零售价格变动情况进行统计后得出的度量指数，用以测定生活费用支出或货币购买力的变化，从而说明通货膨胀率上升和下降的程度。批发物价指数是指生产者价格指数。它是对同类商品不同时期的批发物价变动进行统计后得出的度量指数，以此衡量商品初次出售时的价格变动，反映通货膨胀的变化情况。国内生产总值平减指数，目前被认为是对通货膨胀的基础最好的测算方法，用以表明一国生产的全部商品和劳务的价格变动趋势。它是以当年价格计算的 GDP 对按规定价格计算的 GDP 的比率表示，这种测定通货膨胀率的方法和上述反映通货膨胀率变化的价格指数一样，都有概念上和实践上的局限性。尽管如此，这些指数仍广泛用于表示通货膨胀率的变化趋势和程度高低[6]。

经济泡沫和通货膨胀都是与价格相关的概念，而且两者经常相伴出现。因此，深入讨论两者之间的区别具有重要意义。从本质上说，经济泡沫与通货膨胀是不相同的。

（1）定义不同。经济泡沫是指资产的市场价格与其内在价值的非均衡偏离部分；通货膨胀是流通中货币数量的持续和过度增长而引起物价水平（包括商品和劳务）全面和持续的上涨。前者指一种或几种资产的市场价格上涨速度快于其内在价值上涨速度，或者市场价格下跌速度慢于其内在价值下跌速度，即市场价格相对于内在价值的上涨，是两种价格的差的时间序列走势，这“两种”价格分别是市场价格和理论价格，上涨的资产既可能是一般商品，也可能是虚拟资产；后者关注商品和劳务的全面上涨，是一般物价水平的时间序列走势，只涉及“一个”价格。

（2）测定方法不同。经济泡沫的大小等于资产的市场价格与同期该资产的内在价值和“噪音”之差，用公式表示：$b_t=P_t-(P_{t0}+\varepsilon_t)$，假设 $b_t$ 表示第 t 期的泡沫，$P_t$、$P_{t0}$ 为第 t 期的市场价格和内在价值，$\varepsilon_t$ 为“噪音”；通货膨胀是本期一般物价水平与前期一般物价水平的差额，实际工作中引用通货膨胀率指标来衡量通货膨胀高低的严重程度。前者主要关注同一时点上资产的市场价格与内在价值（“噪音”忽略不计）；后者计算一般物价水平在不同时点上的差额。

（3）居民的财富效应不同。只要通货膨胀不随资产泡沫同比例上升，资产泡沫的出现必然会引起资产持有者资产财富的增加。如果泡沫的持续时间较短，资产持有者认为财富增加是一种暂时性收入；如果泡沫的持续时间较长，资产持有者会将资产财富的增加视为一种永久性收入。根据弗里德曼的永久性收入理论，消费受持久性收入的影响，而不受或较少受暂时性收入的影响。永久性收入理论反映在股市中就是：只有持续不断的上涨才有可能刺激消费。从20世纪末美国的经验来看，美国股市上涨的前4年（1992～1995年）并没有明显的财富效应产生；只是到了1996年以后，股市的进一步持续上涨明显带动了消费[7]。其实，无论泡沫的持续时间长或短，资产持有者普遍对泡沫有过多的偏爱，尽管泡沫的破灭会给一国经济带来极大的危害。

通货膨胀期间，居民的名义财富虽不变，可实际财富在减少。因为许多国家政府实行的通货膨胀政策，实质上是对公众实行隐蔽性的征税[8]。如果其他条件不变，居民购买力将下降，实际财富减少，居民出现相对贫困化，从而减少对价格需求弹性高的商品的消费。因此，每位居民对政府的通货膨胀政策都有一定的抵触情绪。

## 第二节　泡沫经济的内涵

关于泡沫经济的定义，目前学术界尚未达成共识，除了许多学者把“经济泡沫”与“泡沫经济”的概念等同使用以外，还有部分学者将“泡沫经济”与“虚拟经济”和“经济周期”等概念混淆。很明显，对泡沫经济的内涵进行界定是十分必要的。

### 一、泡沫经济的定义

在前面第一节中已对经济泡沫的内涵作了较为明确的界定，

经济泡沫反映的是一个或几个市场（全国性或地方性的）资产价格与其内在价值的非均衡偏离部分。泡沫经济与经济泡沫是两个完全不同的概念，泡沫经济属于宏观经济范畴，反映的是整个国民经济的虚假繁荣现象。如我国 20 世纪 90 年代初期的海南房地产热、1999 年全国股票市场的暴涨，可以说海南房地产市场、全国股票市场这两个市场资产价格都出现了经济泡沫，而这两个市场不同时期的资产价格泡沫并未造成我国国民经济的虚假繁荣，也就没有形成泡沫经济。

有些学者已经开始认识到泡沫经济与经济泡沫之间的区别，在对泡沫经济的定义上综合起来大致有如下五种看法。第一种认为，泡沫经济就是资产价格（具体指股票与不动产价格）严重偏离实体经济（生产、流通、雇佣、增长率等）暴涨，然后暴跌这一过程。第二种认为，泡沫经济通常表现为房地产、股票证券等金融资产价格上涨过高，经济虚假繁荣。第三种认为，泡沫经济是指经济系统中的一种或一系列资产出现了比较严重的价格泡沫，泡沫资产总量已经占到宏观经济总量相当大的比重，而且泡沫资产还和经济的各个部门发生了直接或间接的联系，并且一旦泡沫破碎，将给经济的运行带来困境，或者引发全面金融危机，或者引发经济危机。第四种认为，泡沫经济是由于价格信号的作用最终使资源失配而存在大量泡沫的经济。第五种认为，泡沫经济是指由投机需求（虚假需求）形成的局部经济泡沫通过一定的传导机制使社会有效需求得到过度刺激而形成的虚假繁荣现象。作者认为，上述五种定义都没能准确地描述泡沫经济现象，下面将一一进行分析。

第一种定义的不足在于：①某一市场资产价格偏离实体经济的暴涨并不表明该国的经济是泡沫经济。②泡沫经济中资产价格一般会出现暴涨、暴跌，但不能根据资产价格的暴涨、暴跌来判断该国是否存在泡沫经济。③泡沫经济是一种状态，不是一个过程。

第二种定义的缺陷在于：泡沫经济是由经济泡沫演变而来，经济泡沫的载体不仅有金融资产，也包括实物资产，而该定义忽视了实物资产泡沫也会引发泡沫经济。

第三种定义存在两点不足：①金融危机或经济危机并不是泡沫经济的必要条件，因为泡沫经济破灭不一定引发金融危机或者经济危机，如美国 2000 年 4 月以来泡沫经济的破灭并未导致金融危机或者经济危机。②没有指出泡沫资产和经济的各个部门发生直接或间接的联系将会导致一国经济出现什么状态。

第四种定义也有缺陷：因为经济泡沫变大、变多并不意味着泡沫经济的出现，它没有揭示经济泡沫演变成泡沫经济的机理。

第五种定义有两处表述得不太准确：①局部是指地理上的区域性抑或是市场范围的一部分，表述不清。②泡沫经济是一种虚假繁荣的经济，而不是虚假繁荣的现象，它在现象上表现为经济的虚假繁荣。

通过对上述五种定义进行评述后，我们对泡沫经济的定义应该有更进一步的认识了。泡沫经济的定义可以表述为：泡沫经济是指在一个或几个市场由投机需求（虚假需求）形成的经济泡沫通过一定的传导机制拉动社会有效需求而形成的虚假繁荣经济。这个定义包含三层意思：①引发泡沫经济的原因是一个或几个市场的经济泡沫，经济泡沫的存在在于投机需求，即虚假的市场需求，因此，投机需求（虚假需求）是泡沫经济产生的首要条件。②一个或几个市场存在经济泡沫或者经济泡沫变大、变多并不一定意味着整个国家处于泡沫经济之中，从经济泡沫向泡沫经济的演变需要一定的传导机制，没有这种传导机制，经济泡沫不会演变为泡沫经济。③泡沫经济从现象上讲是一种虚假繁荣的经济，产生虚假繁荣经济的原因在于社会有效需求在一定的传导机制下得到过度刺激，也就是说社会有效需求中存在大量的虚假的成分，这样的繁荣是不实在的，迟早会破灭。

可见，泡沫经济与经济泡沫的定义是有区别的，经济泡沫是前提，泡沫经济是结果。在一个经济系统中存在经济泡沫，并不必然导致泡沫经济，泡沫经济不是经济泡沫在数量上积累的结果。要实现经济泡沫向泡沫经济的演变，需要一定的条件。

## 二、经济泡沫向泡沫经济演变的条件

由于资产内在价值的难以确定性和投机需求，无论在经济繁荣或经济衰退阶段，一个经济系统中经济泡沫的出现是必然的、不可避免的，它有时表现为正泡沫，有时表现为负泡沫。而泡沫经济的出现并不是常有的事，经济泡沫的变大、变多，不一定催生泡沫经济。经济泡沫向泡沫经济演变，需要适当的时机和泡沫的持续膨胀。

首先分析时机问题。从历史上数次泡沫经济发生的时间来看，它们都有一个共同的特征，即在经济繁荣阶段形成和膨胀，这是因为在经济繁荣时期，货币环境比较宽松，经济保持较快的增长速度，投资者和消费者往往持有一种乐观的预期，将出现这样一种良性循环：①就业率上升，个人收入和消费增加。②需求旺盛，导致企业收益增加、设备开工率提高，继而促进设备投资需求。③消费、投资的双重扩张，又强化了国民经济的较快增长，并带动房地产价格的上升。④企业预期收益提升，刺激股价的上扬。⑤房地产价格的上升、股价的上扬，企业和居民虚拟财富增加，无疑将刺激投资、消费的增加。可见，经济繁荣时期，经济泡沫容易膨胀，经济泡沫的膨胀是形成泡沫经济的前提条件。

其次分析泡沫的持续膨胀问题。经济泡沫的膨胀并不一定实现向泡沫经济的演变，还需经济泡沫的持续膨胀。因为经济泡沫要对投资和消费产生明显的影响，依赖于经济泡沫的持续性。根据理论分析和经验研究，只有泡沫的持续膨胀，才对投资和消费产生明显的影响。关于持续膨胀，涉及一个时期长短的问题，到底多长时间才算持续膨胀，笔者目前无法从数量上进行精确测定，因为还要考虑到泡沫的大小问题。一般来说，泡沫小，持续时间相对长些；泡沫大，持续时间相对短些。这里仅作定性分析，为以后进一步研究提供基本的思路。

通过上述分析，得出以下结论：①经济繁荣时期，容易形成泡沫经济。②经济泡沫的持续膨胀是形成泡沫经济的必要条件。③防范泡沫经济的形成，在经济繁荣时期必须使用宏观经济调控政策，及时发现经济泡沫，阻止经济泡沫的持续膨胀。

## 三、泡沫经济与虚拟经济

当前，虚拟资本在全球范围不断膨胀，虚拟经济对实际经济的影响日益重要，世界各国经济运行方式正经历着深刻变化，为此，弄清泡沫经济与虚拟经济的关系是十分必要的。

虚拟经济已成为当代经济的一种主要经济形态，虚拟经济并不等同于泡沫经济。原因有二：①泡沫经济既可以在实体经济领域发生，也可以在虚拟经济领域发生。②虚拟经济的发展并不必然导致泡沫经济的形成，形成泡沫经济的原因很复杂，只有各方面的条件成熟，虚拟经济偏离实体经济过度膨胀，才有可能出现泡沫经济。这从现实经济的发展中可以找到充足的证据，如 20 世纪 80 年代以来，世界主要工业国家（美、日、德、英、法等）的虚拟经济都有较快的发展，并非每个国家都出现过泡沫经济。

**表 2.1　主要工业国家金融资产占家庭净财富的百分比**

单位：%

| 年份＼国家 | 美国 | 日本 | 法国 | 英国 | 加拿大 |
|---|---|---|---|---|---|
| 1981～1985 | 69.7 | 42.5 | 37.8 | 51.9 | 58.6 |
| 1986～1990 | 71.7 | 41.5 | 49.6 | 52.7 | 63.9 |
| 1991～1995 | 76.9 | 50.1 | 55.2 | 64.1 | 67.3 |
| 1996～1999 | 82.2 | 58.2 | 58.8 | 68.8 | 70.2 |
| 2000～2003 | 88.4 | 64.1 | 62.5 | 71.6 | 72.1 |

资料来源：刘晓欣．虚拟经济与价值化积累——从虚拟经济角度认识当代资本积累［J］．当代财经，2005（12）：12

虚拟经济偏离实体经济的发展，容易产生泡沫经济，基于以下几个原因：①虚拟经济的发展与投机活动始终是共存的。虚拟经济所提供的资本配置的高效率，取决于虚拟资本的高度流动性，而虚拟资本的高度流动性是依靠投机活动实现的；虚拟经济所提供的风险规避功能如套期保值和外汇掉期业务等，风险也是通过投机者分摊的。虚拟经济相对于实体经济所具有的高风险、高收益特点，很容易吸引大规模资金滞留于虚拟经济领域进行投机活动，而投机过度会引致虚拟经济过度膨胀并形成泡沫经济。②虚拟经济对于利率的敏感性在增强。金融创新与发展导致金融资产种类增多（由于大量金融工具创新），而资产之间替换的方便程度在提高（部分由于金融市场一体化），与此同时，交易成本却在下降。这些都加速了各类资产的转换，从而也加速了金融资产价格对于利率变动的反应，金融资产价格对于利率的敏感性增强[9]，使得金融资产（如股票）价格对利率有先于普通商品价格的反应。③虚拟经济的发展导致两个结果：居民持有的金融资产比例上升（表 2.1 提供了部分经济发达国家金融资产占家庭净财富的百分比）和金融资产为更多的人所持有（美国的“消费者融资调查”显示，1998 年美国有一半的人口持有股票，而 1989 年只占 1/3）。这两者又促使居民追求更高的金融资产收益率，从而为泡沫经济的形成奠定了广泛的社会基础。④各国中央银行现行的货币政策操作已不适应虚拟经济的过快发展，使得泡沫经济的形成在所难免。目前大多中央银行的目标只有一个：控制通货膨胀、稳定物价。在金融创新、虚拟经济大发展的背景下，货币政策如果不考虑资产价格膨胀这一因素，往往会造成一国泡沫经济的形成。20 世纪 80 年代中后期，日本政府为摆脱日元升值的困境，放松了信贷，信贷的放松并没有引起物价的上升，于是银根进一步松动，结果使金融资产价格急剧上扬，形成泡沫经济。

## 四、泡沫经济与经济周期

经济周期是发生在市场经济国家的一种宏观经济波动，它分为高涨、衰退、萧条和复苏四个阶段，这种从高涨到复苏的经济波动会重复发生，但每一次新的周期都不是以前周期的复制。计划经济国家也同样存在经济周期，曾经实行计划经济的中国、原苏联及东欧国家都未能幸免。中国 1952～1979 年的实践表明，计划经济所造成的经济周期波动比市场经济还要严重，不仅波动的频率高，而且波动的振幅也大[10]。

泡沫经济的形成和破灭分别处在经济周期的繁荣和衰退时期，呈现出经济周期波动的某些特征，但泡沫经济与经济周期波动之间存在很大的差别。

(1) 泡沫经济是可控的，而经济周期波动是不可控的。由于泡沫经济产生于虚假的社会有效需求，因此，泡沫经济的产生和发展具有可控性。而经济周期波动作为一种客观经济现象或者说是经济增长的一般规律，是不可控的。资本主义国家每当经济高涨阶段出现时，总有人提出经济周期波动已不再存在的论调，如不少学者针对美国 20 世纪 90 年代的持续经济增长，欢呼“新经济”时代已经来临，意指美国已驯服经济的周期波动。实践证明，不管人们如何努力，其经济周期波动不复存在的美好愿望终将化为泡影。人们的主观努力只能缩小波幅，减轻震荡，从而使经济周期波动的负面影响降低到最低程度。20 世纪 30 年代的大危机出现后，由于资本主义各国受凯恩斯的反失业、反危机学说的影响，普遍加强了对经济运行的干预和调节力度，在一定程度上缓解了经济发展中的某些深层次的矛盾，使经济周期波动出现了波幅减弱、阶段性不明显、经济繁荣阶段延长等特点。

(2) 泡沫经济的形成和破灭没有一定的规律性和固定的周期长度，即使我们对泡沫经济的形成和破灭的影响因素可能了如指掌，可根据现有的数据资料和研究手段无法预测泡沫经济何时形成、破灭及泡沫经济形成到破灭的时间长度。而经济周期波动具有规律性，往往有一个相对固定的周期长度。例如，对第二次世界大战后经济周期波动进行分析，大致可以测算到周期波动的长度。从同期性的世界经济危机看，从第二次世界大战结束到 1992 年，共发生了 4 次：1957～1958 年危机、1973～1975 年危机、1979～1982 年危机和 1991～1992 年危机，即 11 年左右发生一次；从西方各个国家非同期性经济周期的变动来看，则从1949～1991年间，有的国家发生了7、8次危机或萧条，有的则发生10次，平均5.3年左右发生一次，而战前的1900～1929年的30年间发生了4次危机，平均7.5年发生一次[11]。

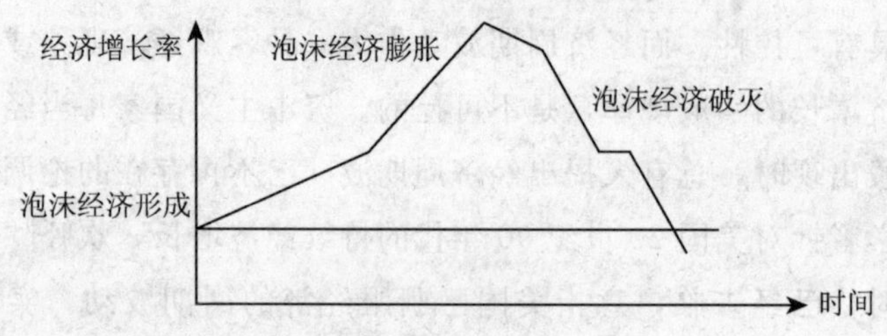


**图 2.9　泡沫经济的形成、膨胀与破灭**

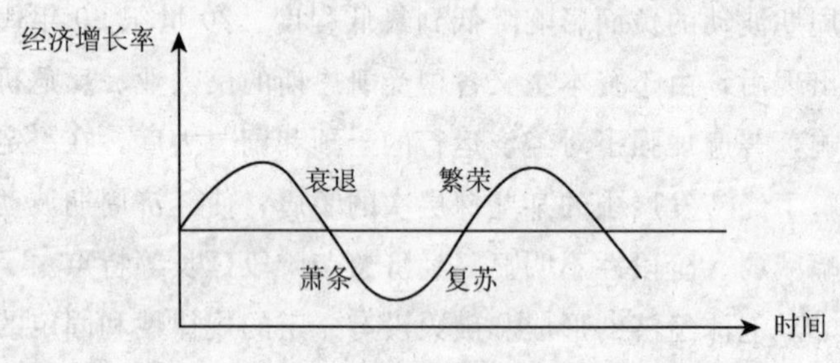


**图 2.10　经济周期波动**

(3) 泡沫经济的形成和膨胀（上升）阶段一般相对平滑，破灭（下降）阶段往往非常陡峭（参见图2.9）；经济周期波动的上升阶段和下降阶段往往相对平滑（参见图2.10）[12]。

泡沫经济与经济周期波动之间虽然存在很大差别，但两者又互相联系。由于泡沫经济常常在经济繁荣阶段形成，在衰退阶段破灭，泡沫经济的时期长短取决于经济周期繁荣阶段的长短，经济从繁荣向衰退逆转的原因可能是生产相对过剩（如 20 世纪 30 年代的经济危机），也可能是泡沫经济的破灭（日本 20 世纪 90 年代初）。泡沫经济所带来的资产价格上升而产生的财富效应，有助于经济的增长；相应地，在泡沫经济崩溃时，会加剧经济的衰退，从而扩大经济周期波动的振幅。资产价格的上升，将对个人消费产生财富效应，提高个人的消费倾向。1989 年和 1990 年日本《经济白皮书》的有关实证分析证明，包括股票在内的金融资产对实际消费的弹性值为 0.16%，即资产余额每增加 10%，消费则增加 1.6%。20 世纪 80 年代前半期，个人金融资产平均年增长率为 10%，1988 年开始上升至 13%，使用上述弹性值进行测算，1985～1990 年间民间消费实际增长率中的一成是由财富效应带来的[13]。1989 年和 1990 年日本的《经济白皮书》均认为，土地价格上升会带来财富效应。

根据托宾的“q 理论”，股价的上升会降低企业发行股票筹集资金的成本，最终会带来设备投资的增加。从泡沫经济时期日本设备投资连续三年两位数增长的表现来看，在某种程度上证明托宾的“q 理论”发挥了一定的作用。地价的上升提高了土地作为担保物的价值，使得持有土地的中小企业可借入更多的资金（当时的大企业筹措资金相当容易），从而带来设备投资的增加。

资产价格下跌产生的逆财富效应将使消费减退，根据卡尼曼的观点，损失 1 个单位的财富带来的负效应等于赢得 2 个单位的财富带来的正效应，那么 1 个单位的财富效应带来的消费增加要小于 1 个单位的逆财富效应带来的消费减退。资产价格下跌降低了土地和股票作为担保物的价值，同时也增加了银行的不良资产，企业资金筹措困难，从而减少企业的设备投资。由于资产价格下跌导致的消费减退和设备投资减少，将加剧经济的衰退。

由此可以看出，资产价格的升降会扩大经济周期波动的振幅，从日本在泡沫经济处于形成、发展阶段的1987～1990年间和泡沫经济崩溃阶段的1991～1993年间的实际经济增长率的预测值偏离实际值这一事实中得到反映。1987～1990年，实际经济增长率连续四年大幅度地超过预测平均值。经济的实际增长率接连四年超出政府机构和民间机构的预测，这在利用统计方法以来的32年间尚属首次。在泡沫经济崩溃过程中，实际经济增长率在1991～1993年间连续三年低于民间预测机构的平均预测值，也低于政府的预测。特别是1992年、1993年的实际经济增长率仅为0.4%、0.5%，大大低于52家民间机构的最低预测值。出现1992年、1993年实际增长大幅度低于预测的现象，在过去仅仅经历过一次，即第一次石油危机爆发时的1974年，当时实际经济增长率为-0.5%，但像此次这样，不是由外生性因素导致且连续两年处于大幅度低迷之中的情形尚属首次。之所以会出现实际经济增长率大大偏离预测值，是泡沫经济形成和崩溃的结果，从而验证了前面的观点：泡沫经济的形成有助于经济增长，泡沫经济的崩溃加剧经济的衰退。

## 第三节　泡沫经济的表现特征、基本特点与运行规律

### 一、泡沫经济的表现特征

20世纪80年代以来，泡沫经济的出现越来越频繁，以美

国、日本为代表的发达国家和以泰国、墨西哥为代表的发展中国家都先后经历过泡沫经济。这些国家的泡沫经济呈现出一些共同的特征。

**1. 股价暴涨**

泡沫经济时期，股票价格的上涨速度明显高于实际 GDP 的增长率，缺乏经济基础条件支撑，使得股票市场存在过多的泡沫。在此以日本、美国为例来阐述股市中的泡沫。

日本泡沫经济起源于股票市场的急剧膨胀。1985 年 12 月，日经指数仅为 13113 点，但到 1987 年 9 月，在不到两年的时间内，股指猛涨至 26000 点，上涨了近 1 倍。同年 3 月，日本股票市值总额已达 26880 亿美元，占全世界的 36.3%，超过美国而居世界第一位。1987 年 10 月 19 日，美国道·琼斯 30 种工业股票指数比前一日下跌了 22.6%，从而引起包括日本在内的世界各国股价的暴跌。由于日本进一步放松银根，信用贷款膨胀，日经指数由 1987 年 10 月的 21910.08 点一路急升到 1989 年 12 月 31 日的 38915.87 点，股市的整体市盈率水平达 80 倍。从 1985 年 12 月算起，到 1989 年 12 月止，日本股指在此 4 年间年平均增长率高达 49.19%，而同期日本的实际 GDP 平均增长率不到 5%。

20 世纪 90 年代美国进入经济快速发展阶段。与此相适应的美国道·琼斯 30 种工业股票指数和纳斯达克股票指数一路攀升。从 1990 年至 2000 年年初，美国道·琼斯股票指数由 3000 点上升至 11000 点之上。同期纳斯达克指数节节上升，从 1990 年 10 月的 320 点左右开始攀升，于 2000 年 3 月 10 日创下了 5048.62 点的历史最高纪录。1990～2000 年，美国经济的年均增长率仅为 3%左右，企业盈利增长率也只有 10%；股市的平均市盈率从

1995 年的 13 倍以下上升到 1999 年的 38 倍。由此可见，美国股指的增长速度已远远超过了实际经济增长率和企业利润的增长率，其中的泡沫成分是显而易见的。

**2. 地价高涨**

出现泡沫经济的国家，如日本、泰国、墨西哥等国家，在股价高涨的同时，一般伴随着土地价格的快速上涨。

日本股市疯狂急升的同时，日本的地价跟随着股票价格节节攀升，地价也呈加速上涨之势，其速度远远超过了经济的增长率。1985～1990 年日本国内生产总值名义增长率每年只有 5.7%，而住宅用地（1987～1990 年）、商业用地（1987～1990 年）的价格平均增长率分别高达 14.4%、15.5%[14]。高昂的土地阻碍了正常的住宅投资和设备投资活动，扰乱了经济资源的合理配置。

泰国房地产业的高利润吸引了大量的国内和国外资金，使得 1988～1997 年金融危机爆发时止的 10 年间，泰国的土地价格一直呈快速上升趋势。1988～1992 年期间，地价以每年 20%～30%的速度上涨；1992～1997 年 7 月，地价的上涨速度更是高达每年 40%。在某些地段，地价一年内竟然上涨了 14 倍之多。可 1992～1997 年期间，泰国实际经济增长率分别为 8.1%、8.3%、8.8%、8.7%、6.4%和 6%，也就是说地价的年上涨速度高出实际经济增长率 30 个百分点以上。

**3. 高货币供应量**

日本自 1986 年以来，货币供应量猛增，直到 1990 年几乎是两位数的增长（见表 2.2）。如此高的货币供应量增长率使日本银行系统和大企业部门纷纷投资于股票和土地，以追求高额利润，推动股价和地价上扬。

表 2.2　日本货币供应量增长率和经济增长率

| 项目＼年份 | 1985 | 1986 | 1987 | 1988 | 1989 | 1990 |
|---|---|---|---|---|---|---|
| $M_2$＋CD 增长率（%） | 8.4 | 8.7 | 10.4 | 11.2 | 9.9 | 11.7 |
| 经济增长率（%） | 4.4 | 2.9 | 4.1 | 6.1 | 4.8 | 5.6 |

资料来源：①$M_2$＋CD 增长率数据引自罗清．日本金融的繁荣、危机与变革［M］．北京：中国金融出版社，2000.15.②经济增长率数据来自［日］林直道著，翁庆宗译．怎样看日本经济［M］．北京：中国对外贸易出版社，2003.46～47

现代货币主义者的代表人物——美国著名经济学家弗里德曼认为货币供应量应与经济增长率大致相适应。根据美国的经济发展状况，弗里德曼具体建议，货币供应量应按照每年 4%～5% 的固定增长率有计划地增长（根据过去 100 年美国年产量平均增长 3%、劳动力增长率按年平均 1%～2%计算而得），这样就可以保持没有通货膨胀的稳定增长。但 1995～2000 年来美国的货币供应量 $M_3$ 却远高出这个百分比，特别是 1998 年美国货币供应量增长了 10.9% [15]。过多的货币供应没有全部进入商品市场引起物价上涨，结果产生替代效应，导致资产价格上涨，使股市泡沫不断胀大。

**4. 信用膨胀**

这里所说的信用膨胀是指金融机构贷款的大幅增加和外资的人量涌入。从 20 世纪 80 年代以来，各国泡沫经济的形成都离不开金融机构资金或外资的大量参与。日本金融机构直接购买股票和对不动产业的融资吹大了日本的股市泡沫和地产泡沫。1986～1989 年的有价证券投资增加十分明显，金融机构持有全部股票的 1/4；对不动产业的融资增加显著。1984 年年末，全国银行业对不动产业的贷款余额为16.7万亿日元，尚只及对制造业贷款的27%，1989年年末则上升到超过40万亿日元，约相当于对制造业的贷款的74%[16]。地产泡沫膨胀中，银行与企业、个人之间形成了一个“正反馈”：银行发放大量的抵押贷款，企业和个人以此进行地产投机，并以他们持有或购买的土地为担保再次获得贷款。随着银行土地抵押贷款的急剧膨胀，地产泡沫也越吹越大。

在东南亚的地产泡沫中，同样可以看到信用膨胀对地产泡沫的推动作用。正如克鲁格曼（Krugman）所说：所有地产泡沫都有一个共同点，即都是由银行融资的。1989～1996年泰国银行发放的住房贷款总额在7年间增加了5倍多，1996年房地产投资额占其外国直接投资额的一半；印尼在1994～1997年房地产贷款每年增长35%，高于整个银行业的23%～24%的贷款增长率；新加坡在1995～1997年进入房地产业的贷款占银行总贷款的30%～40%；在泡沫破灭前，马来西亚金融机构贷给房地产业的资金也占到其贷款总额的30%[17]。

在美国20世纪90年代后半期的股市泡沫中，信用膨胀的痕迹也是明显的。首先，考察美国企业和个人的债务（因无法查到美国金融机构通过国内企业和个人对股票的投资数据，暂以债务的变化情况来大致地判断他们对股票的投资）。90年代初期，美国非金融企业债务的年增长率不过5%，而1995～1999年竟高达12%，由此使美国企业的未偿债务总额在过去5年中增加了1.5倍，达到4.2万亿美元。在1995～1999年期间，美国家庭的债务总额也以每年10%左右的速度上升，1999年家庭负债达到了历史新高6.3万亿美元，当年个人债务总额占其收入比重也达到了82%的高点。企业和个人债务总额（金融机构贷款）的大量增加，一方面用于设备投资和消费，另一方面投资于比几乎任何其他资产的收益要高的股票（1991～2000 年期间股票实际收益年平均增长率为 14.1%）。其次，分析外资对美国股指的影响。90 年代后半期，美国“新经济”强劲的势头促使一波又一波的国际资本争相涌入美国。1997 年年底，外国在美国的资产总额达到 63296 亿美元，相当于美国当年 GDP（81109 亿美元）的 78%。1998 年美国新增的国际净债务额高达 2000 亿美元。1999 年年底，根据美国商务部的统计数字，美国的净外债额累计已达到 1.24 万亿美元，与 1998 年相比增加了 28%。截至 2000 年 3 月，外国投资者拥有 1.4 万亿美元股票，占美国股市总市值的 7%[18]。

## 二、泡沫经济的基本特点

由于国际经济和金融形势发生了巨大变化，金融全球化条件下泡沫经济表现出与以往泡沫经济所不同的特点。具体来说，金融全球化条件下泡沫经济具有如下基本特点。

### 1. 全球性

20 世纪 30 年代末以前，泡沫经济的发源地和中心集中在西欧，80 年代末转移到美国和日本，90 年代以后扩散到拉美和东南亚等发展中国家或地区，从而表现出地域上的广泛性和全球性。

在拉美地区，从 20 世纪 80 年代末开始的新一轮市场化改革在 90 年代初期取得了重大进展。90 年代初（1991～1993 年），墨西哥、阿根廷、秘鲁、委内瑞拉、巴拉圭基本上都实现了货币自由兑换，贸易自由化水平普遍提高。工业产值占 GDP 的比重在 80 年代已开始下降，其中墨西哥加入北美自由贸易区，金融和资本开放程度更高。在东南亚地区，1997 年泡沫经济破灭前，韩国、马来西亚、泰国、菲律宾和印度尼西亚实现了或基本实现了资本项目开放。贸易自由化、工业化和经济金融化程度进一步提高。由于全面的市场化、开放化，经济运行中受市场机制调节和支配的方面不断增加，比重日渐增大。拉美和东南亚的泡沫经济正是在这种经济开放程度提高和工业化快速发展的条件下产生的。

**2. 频繁性**

纵观整个泡沫经济史，泡沫经济现象在世界经济发展史上已有 300 多年历史，可谓源远流长。1636 年荷兰郁金香泡沫是有据可查的人类历史上最早的泡沫经济案例；相隔 80 年，1720 年前后相继出现了法国密西西比泡沫和英国南海泡沫；200 年之后，美国于 20 世纪 20 年代形成的泡沫经济在 1929 年 10 月末破灭，这几次泡沫经济出现的间隔时间都比较长。可进入 20 世纪 80 年代后，泡沫经济出现的间隔时间越来越短，出现的次数也越来越频繁，如日本、墨西哥、东南亚国家和美国的泡沫经济分别于 1990 年、1994 年、1997 年和 2000 年破灭，平均 3～4 年发生一次。

**3. 扩散性**

随着经济金融全球化的发展，泡沫经济的形成和破灭效应早已不再局限于某一国内，它经由各种传播途径向其他国家或地区扩散。马森（Mssson，1998）在他的研究中，将传播机制分为三类：季风效应、溢出效应和传染。季风效应是同时影响所有国家经济基本面的总的（或全球性的）冲击，受这类总冲击影响的国家其金融市场会一起变动。溢出效应是指一个国家（或一组国家）的冲击对其他国家经济基本面的影响，往往通过多种联系渠道来实现，如贸易联系渠道、金融联系渠道和政策协调渠道。传染是一种羊群行为，即泡沫破灭预期引起投资者同时撤离市场，作为对一起袭击了相似市场的冲击的反应。传染同人们的预期变化有关，与宏观经济基础的变化没有关联[19]。

在上述三种传播机制的作用下，各国资产价格出现同步上涨或下跌的走势。如 1994 年年底墨西哥泡沫经济破灭引起的股价下跌，迅速波及拉丁美洲的其他国家。1997 年泰国金融危机引发的泡沫经济崩溃，出现多米诺骨牌效应，促使东南亚出现大范围的金融动荡，进一步诱发全球股市的动荡。20 世纪 90 年代下半期美国在制造网络泡沫的同时，也不断向全球其他国家输出泡沫，2000 年美国科技网络泡沫的破裂又带动了其他各国网络股价的下挫。

泡沫经济破灭引发的金融危机的一个显著变化就是“互震”趋势的加强：过去，危机的传播是单向的，即由发达国家传递给发展中国家，而发展中国家的危机一般不会传递给发达国家；现在，危机的传播呈现双向趋势，发展中国家的金融危机也会很快传递给发达国家，这一点在东南亚金融危机中尤为突出。因此，在泡沫经济面前，没有真正的赢家，为了共同的未来，国际社会必须制定新的规则。

## 三、泡沫经济的运行规律

在经济史上，宏观经济运行存在周期性变动，作为一种宏观经济现象的泡沫经济没有明显的周期性特征。在 1636～2007 年时间段内，文献上有记载的泡沫经济案例屈指可数，或许因为样本数量太少，暂时没法观察到泡沫经济是否存在周期性特征。并且由于每次泡沫经济的形成和破灭具有一定的突发性，许多专家、学者借助历史资料和现有的技术工具试图发现泡沫经济形成和破灭的时点，全都无功而返。泡沫经济形成和破灭的这种突发性增加了对泡沫经济防范和治理的难度。

尽管泡沫经济的出现没有显示出周期性特征，不能表明泡沫经济现象没有任何规律可循。在某种程度上，历次泡沫经济都经历了形成、繁荣和破灭三个阶段，如图 2.11 所示。

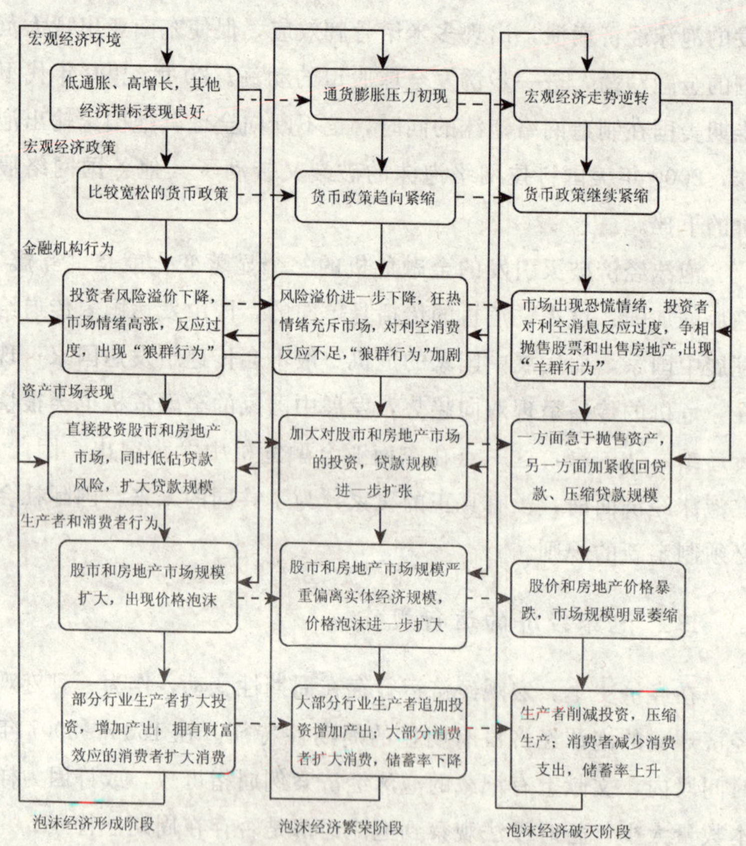


**图 2.11 泡沫经济形成、繁荣到破灭的演变模型**

**1. 泡沫经济的形成**

从经济因素来看，由于受低通胀率、高增长率、高就业率等宏观经济因素的影响，企业盈利能力上升，个人收入增加；同时由于通胀压力较小，货币政策处于宽松的状况。在这样的背景下，投资者的信心逐渐增强，股票和房地产等资产价格也随之上涨，此时价格的上涨是由于基本经济条件的变化而引起的。资产价格的上涨，刺激了投资者队伍的不断壮大和资产供给（股票发行、土地开发）的增加，居民持有该类资产的价值与全社会财富的比例明显上升，股票市场和房地产市场规模不断扩大。股票和房地产市场的长期慢牛格局反过来对宏观经济、企业盈利等产生积极的影响，并进一步刺激投资者的信心，整个股票市场和房地产市场笼罩在一片乐观的情绪当中。从非经济因素来看，社会心理、大众传媒、新经济情结等也助长了投资者的盲目乐观情绪。在这些因素的作用下，投资者对利好消息反应过度、投资者风险溢价下降、“狼群行为”出现和金融机构积极参与等机制的放大作用，资产价格逐渐偏离资产价值，经济（价格）泡沫随之形成。价格泡沫是资产价格的扭曲，形成虚假的价格信号，引导相关行业的生产者扩大投资及持有泡沫资产的消费者扩大消费支出，从而促进经济增长，泡沫经济开始形成。

**2. 泡沫经济的繁荣**

当股价和房地产价格上涨到一定程度，宏观经济形势开始出现逆转，通货膨胀压力或其他负面影响因素开始出现，货币当局被迫开始采取紧缩性货币政策。这时候，部分风险厌恶型或中性型投资者开始觉察到泡沫的存在，慢慢退出市场并观望，但有更多的新入市者。此时，风险偏好型投资者所占比例明显增大，尽管觉察到泡沫的存在，但由于庞兹游戏[20]的预期仍然停留在股市和房地产市场中，对利空消息反应不足，“狼群行为”加剧。金融机构的贷款规模进一步扩张，庞兹贷款[21]比例上升，资金供给对旺盛资金需求而言开始趋紧，在非理性狂热和资金大量供给的作用机制下，股市和房地产市场泡沫进一步吹大，并带动其他资产价格泡沫化。过高的虚假的资产价格信号引导大部分行业的生产者追加投资，增加产出；拥有纸上财富的投资者在财富效应的作用下也扩大消费，导致储蓄率下降。投资消费的进一步扩张，推动经济增长加速。

在泡沫经济繁荣阶段，各项宏观经济指标表现良好，整个宏观经济呈现出一派虚假繁荣的景象。实体经济领域存在的某些问题如结构失调、企业竞争力下降、产业衰退等全被虚拟经济的表面繁荣所掩盖，虚拟经济与实体经济的不匹配发展终将阻碍经济的进一步增长，泡沫终究要破灭，经济衰退必然会由隐性表现为显性。

**3. 泡沫经济的破灭**

宏观经济环境迫使货币当局进一步紧缩货币政策，金融机构的放贷行为趋于谨慎，当出现某一外在冲击后，股价和房地产价格的上涨趋势逆转。此时，投资者的信心受到致命打击，市场出现恐慌性的抛售，由于以下三种机制的作用，股票价格和房地产价格大幅下跌，价格泡沫破灭：①“羊群行为”的出现。价格出现下降趋势后，投资者抛售资产以取得真实利润是理性选择，但投资者之间的相互作用造成了非理性的“羊群行为”，全体投资者都加入到争夺流动性的行列之中，急于杀跌以套取现金。②金融机构贷款的收缩。作为贷款抵押标的物——股票和房地产价格的下跌，借款者的借贷能力下降，在无法再争取贷款的情况下，庞兹贷款者只有抛售股票和房地产等资产以满足流动性的需要。③程序交易的作用。理性的投资者在进行某一笔投资前，一般都设有止损点，假设价格下跌到该点位置附近，投资者将根据已有的指令抛售资产以减少风险。

股票和房地产泡沫的破灭，投资者的纸上财富和上市公司的价值也随之减少，投资者资产收入锐减，企业盈利也大幅下降，甚至部分投资者和金融机构面临财务困境[22]或破产倒闭，银行出现惜贷现象，当社会资金趋紧时，企业减少投资或压缩生产；消费者现期和预期收入减少，谨慎动机驱使消费减少。投资和消费的下降，导致社会总产出减少，经济增长减速甚至出现经济衰退或经济危机。

需要指出的是，尽管上述给出的是关于泡沫经济从形成到破灭的一个完整模型，但每次泡沫经济的形成到破灭原因各异，表现形式也各不相同，并非完全按照这里描述的机制与过程进行，本书在这里仅仅是从理论角度作了一些大致的判断，个案分析要结合具体的实际情况区别对待。

**注释：**

[1] 扈文秀．经济泡沫与泡沫经济研究［D］．西安交通大学，2000.17

[2] 高鸿业．西方经济学（微观部分）［M］．北京：中国经济出版社，1996.57

[3] 徐滇庆等．泡沫经济与金融危机［M］．北京：中国人民大学出版社，2000.16～17

[4] 扈文秀．经济泡沫与泡沫经济研究［D］．西安交通大学，2000.57～58

[5] 吴开兵．泡沫理论与泡沫经济［D］．上海交通大学，2000.57～58

[6] 王耀媛．通货膨胀治理的国际比较［M］．北京：社会科学文献出版社，2000.3～4

[7] 梁宇峰．股市泡沫问题研究［D］．复旦大学，2001.82

[8] 王耀媛．通货膨胀治理的国际比较［M］．北京：社会科学文献出版社，2000.8

[9] 张晓晶．符号经济与实体经济——金融全球化时代的经济分析［M］．上海：上海人民出版社，2002.151

[10] 徐滇庆等．泡沫经济与金融危机［M］．北京：中国人民大学出版社，2000.8～9

[11] 孙执中．战后资本主义经济周期史纲［M］．北京：世界知识出版社，1998.243～244

[12] 徐滇庆等．泡沫经济与金融危机［M］．北京：中国人民大学出版社，2000.8～9

[13] 罗清．日本金融的繁荣、危机与变革［M］．北京：中国金融出版社，2000.50

[14]［日］奥村洋彦．日本“泡沫经济”与金融改革［M］．北京：中国金融出版社，2000.4

[15] 宋玉华等．美国新经济研究——经济范式转型与制度演化［M］．北京：人民出版社，2002.370

[16] 罗清．日本金融的繁荣、危机与变革［M］．北京：中国金融出版社，2000.22～23

[17] 袁志刚，樊潇彦．房地产市场理性泡沫分析［J］．经济研究，2003（3）：41

[18] 周茂荣，吴姚东．解读新经济［M］．武汉：湖北人民出版社，2002.49～50

[19] 冯芸，吴冲锋．金融市场波动及其传播研究［M］．上海：上海财经大学出版社，2003.34～40

[20] 庞兹这一称谓过去曾流行于美国的波士顿，是被称为“金融魔术

师”的人名。庞兹游戏类似于接力棒游戏，是指通过欺诈手段诱使市场参与者不断加入，使游戏不断进行下去的做法。

[21] 庞兹贷款是指因偿债现金流超出债务带来的现金收益而必须继续进一步增加债务才能偿还的贷款。

[22] 财务困境指某个经济部门所持有的资金不足，而必需的应急资金又无法一时到位的情形。

# 第三章　经济泡沫存在的可能性及其原因

## 第一节　经济泡沫存在的可能性

### 一、有效市场假说与股市泡沫

所谓“有效市场假说”（EMH）是指股票市场中的股票价格反映了所有可能得到的信息。EMH 最基本的结论建立在以下三个理论假设之上：①理性投资者假设。投资者被认为是完全理性的，因而可以完全理性地对资产进行估价。②随机交易假设。即使投资者不是完全理性的主体，由于他们的交易是随机发生的，因而交易对价格产生的影响也相互抵消。③有效套利者假设。即使投资者非理性且行为趋同，非理性交易行为不能相互抵消，套利者的理性行为仍然可以把其对价格产生的影响冲销[1]。

当投资者完全理性时，他们对股票的评估建立在基本价值的基础上，一旦获得信息，投资者立即做出反应，此时股票的价格包含了所有可得信息。但投资者理性并不是 EMH 成立的必要条件，当市场中存在大量的非理性投资者，他们的交易策略互不相关，非理性交易就可能相互抵消，从而使股票价格仍接近基本价值。即使非理性交易行为不能相互抵消，假定某只股票价格由于非理性投资者的相关交易而被高估或低估，此时套利者就会出售或购买这种被高估或低估的股票，同时购买或出售其他的“本质上非常相似的”股票来规避风险，实际上，因为可替代的股票容易得到，并且套利者互相竞争来盈利，套利行为会非常迅速有效，这时股票价格不会过多地偏离其基本价值，套利者也不可能获得超额收益。由此可知，套利行为还是可以保证股票价格和基本价值一致的。

如果依照有效市场假说的解释，股票价格只能是股票真实价值的反映，始终与基本价值保持一致，股价泡沫就不可能存在。

正式的有效市场假说概念由芝加哥大学著名教授法马在1970年的一篇经典论文《有效资本市场：理论和实证研究回顾》中最先提出。有效市场假说提出之后，许多专家与学者对它进行无数次的实证检验，检验结果大部分支持EMH。然而，EMH度过了其黄金般的20世纪70年代后，从80年代起，涌现了大量的不能为其所解释的异常现象，如权益溢酬之谜、规模溢酬之谜、价值溢酬之谜、一月效应、周末效应等[2]。EMH在理论与实证检验两方面同时受到了挑战，最初的挑战主要来自于实证检验。希勒（Shiller，1981）对股市波动的研究是早期重要的具有历史意义的挑战性成果。他发现，股价波动的幅度远不是简单模型所谓的“价格由未来红利的预期净现值而决定”所能解释的[3]。此后，德·邦德和塞勒（De Bondt and Thaler，1985）通过比较亏损最严重的公司和盈利最多的公司的收益情况后提出股价反应过度的结论，从而否定EMH弱态有效类型的说法：一个投资者无法利用过去的价格信息获得超额利润[4]。继德·邦德和塞勒之后，许多研究者依据过去的收益情况又成功地提出了多种不同的方法来预测证券的收益，甚至连法马（Fama，1991）也承认，基于股票过去收益所做的预测已经与早期的研究结论不相一致[5]。

有效市场理论的半强态有效类型也面临同样的挑战。从历史数据看，投资于小市值公司股票所获得的收益要高于大市值公司的股票。在1926～1996年期间，纽约证券交易所中最大10%的股票的年平均复合收益率为9.84%，而最小10%的股票的年平均复合收益率为13.83%（Siegel，1983）。而且，小公司股票的超额收益主要集中于每年的1月份，这个月小公司股票的收益要比大公司股票平均高出4.8%。这种超额收益是基于无时效的信息获得的，显然不支持有效市场理论半强态有效的观点。最近的研究又发现了其他可用于预测未来收益的变量。投资者可以采用市值/账面值比率来选择证券组合，投资于低市值/账面值比率的公司被称为“价值投资”。德·邦德和塞勒、法马和弗伦奇（Fama and French，1992）与兰考尼肖科等人（Lakonishok et al.，1994）先后发现，从历史数据来看，市值/账面值比率高的公司与低的公司相比，收益要相对低得多，而且前者的市场风险也要比后者高，这一现象在市道不好、经济衰退的时候表现得更为突出（Lakonishok et al.，1994）。公司规模与市值/账面值比率相关的现象表明，无时效的信息很明显地可以用来预期未来的收益，投资于有投资价值股票的高收益现象也并不像传统理论所说的那样与高风险相对应。在股价对消费真空是否做出反应方面，卡特勒等人（Cutler et al.，1991）和理查德·罗尔（Richard Roll，1984，1988）的研究表明，引起股价变动的是意外冲击而不是消息[6]。这一结论冲击了 EMH 的基本假设：价格在消息真空时不会发生变动。

从时间顺序上看，理论上的怀疑比实证检验对 EMH 的挑战要晚一步。理论的分析针对 EMH 的三个假定分别提出了质疑（Shleifer，2000）。由于 EMH 的三个假说是递进的，作者也按照从前到后的顺序依次来分析有效市场所面临的挑战。

（1）对投资者理性的挑战。EMH 假设投资者是完全理性的、厌恶风险、追求效用最大化，而且按贝叶斯准则[7]修正自己的判断。但事实上，投资者行为绝大多数情况下并非符合经济理性最大化的假定，表现出有限理性（将在本章第二节中深入探讨）。卡尼曼和瑞普（Kahneman and Riepe，1998）给出了一个归纳性的结论：在许多基本面的假设方面，人们的行为与标准的决策模型是不一致的。这些基本面简单地分为三个方面：风险态度、非贝叶斯预期的形成、决策对问题构想和表达方式的敏感性。首先，个人对风险的评判，并不一定遵循冯·诺依曼—摩根斯坦理性概念的假设。投资者并不注重最终的财富情况，而更关注相对于某一参照标准其得与失的数量，这一点又会因时因地而不同；同时人们会尽量避免遭受损失，即经济主体对损失的敏感度要大于对收益的敏感度。其次，在对不确定事件进行预期时，个人的行事原则常常会违反贝叶斯原则和其他概率最大化理论（Kahneman and Tversky，1973）。投资者在学习过程中往往给了最近一段时间的数据和最新的经验更多的权重，同时往往忽略最近的数据可能只是某些偶然事件引起的这样一个事实。这样，他们在做判断和决策时，将过分看中近期事件的影响，导致结论出现很大的偏差。此外，对一个既定问题每个人的选择不同是因为该问题呈现给他们的表现方式不同，因此每个人也就用不同的方法去解决问题（Benartzi and Thaler，1985）。

（2）对投资者交易无关性的挑战。EMH 的支持者认为，即使一些非理性的投资者，由于他们的交易是随机的，所以他们的错误会相互抵消。但卡尼曼和特维尔斯基指出：非理性投资者的决策并不完全是随机的，常常会朝着一个方向，所以不见得会彼此抵消。希勒（1984）确认了这个结论，并指出：受传言的影响，或者大家都去模仿周围人的行为，噪音交易者的行为就有一定的社会性，大家就会犯同样的错误。对机构投资者的行为研究也发现，由于职业经理人只不过是投资者的代理人，因而他们除了个人投资者的局限外，还会由于代理人身份而使得投资决策更可能偏离最优。尽管有部分投资者是非理性的，但 EMH 认为投资者在经历几次相同的错误经验后，凭借“学习”可以学会正确的评价。不过，穆莱茵纳森和塞勒（Mullainathen and Thaler，2000）对此提出质疑，他们认为学习的机会成本可能高于投资者所愿意承担的数量，学习所需占用的时间可能非常长，并且有些决策不具备足够多的学习机会，因此，“学习”作用说在理论上缺乏支持[8]。

（3）对套利理论的挑战。前面两个假设都面临着现实的约束，不能成立。EMH 成立的最后希望就落在支持有效市场理论的套利理论上。与有效市场理论相悖，行为金融理论的核心论点是：现实中的套利不仅充满风险，而且作用有限。套利机制作用是否有效，关键要看能否找到受噪音交易者潜在影响证券的近似替代品。为回避风险，套利者在卖出价格高估的证券的同时，必须能买进同样或相似价格没有高估的替代证券。但在大多数情况下，证券并没有明显合适的替代品，所以，套利者不能从总体上对股票和债券设定一个价格水平（Figlewski，1979；Campbell and Kyle，1993)。大量的证券没有替代组合，因此，一旦它们由于某种原因出现“定价偏差”，套利者将无法进行无风险的对冲交易。相对于整个市场来说，单只股票的替代品也许好找，但是与股票的基本价值相关的风险对套利还是形成了很大的障碍。最重要的一点是，不可能找到完全相同的替代品。当一个套利者依据相对价格的变化购进或卖出股票后，他要承担与这种单只股票相关的风险，例如，当他卖出股票后出现了特大利好消息，或买进某只看好的股票后出现了特大的利空消息。由于没有完全的替代品，套利活动也就充满了风险。更进一步说，即使能找到完全的替代品，套利者也面临其他更多的风险，这种风险来自未来再次出让时价格的不可预知性，换而言之，价格偏差在消失前继续错下去。即使是两种基本价值完全相同的股票，价高者可能会继续走高，而价低者也会继续走低。尽管两种证券的价格最终会走向一致，套利者在这种交易中将不得不遭受暂时的损失。如果套利者能承受这种亏损，他最终会扭亏为盈，但有时他无法熬过亏损期。在价格继续下跌走出低谷前，如果套利者不得不担心其资金状况以保持现有的套利规模，他的套利就将面临很大的约束。由此看来，支持有效市场理论的最后一个假设也难以站稳脚跟。

综上所述，实证和理论上的许多分析成果已经从不同的方向对 EMH 提出了挑战和质疑，EMH 的霸主地位已经开始动摇。也就是说，金融市场，特别是股票市场在多数情况下并不是有效的。有效市场仅是一些极端情况下才出现的情形，在现实环境中这种情形不可能存在。那么，有效市场假说坚持套利行为可以保证股票价格和基本价值一致的论断将显得苍白无力，股价泡沫有存在的可能性。

这里举一个股票价格扭曲的例子，皇家荷兰普通股与壳牌普通股的价格差异（Rosenthal and Young，1990；Froot and Dabora，1998）。皇家荷兰与壳牌公司是由在荷兰和英国各自独立的公司合并而成的。这种公司结构诞生于1907年，当时皇家荷兰与壳牌运输公司同意按60∶40的股权比例进行合并，但两家公司在各自的国家仍然保持独立建制。所有的现金收入流量分成、税收调整及对公司的控制权都按这一比例执行。两公司之间的关系是众所周知的信息。皇家荷兰与壳牌股票分别在欧美9个不同的证券交易所交易，皇家荷兰股票主要集中在荷兰与美国（它是S&P500的成份股，同时也是荷兰所有股指的成份股），壳牌股票主要集中在英国交易（它是金融时报股指FTSE的成份股）。总之，如果证券的市场价值等于其未来现金收入流量的净现值的话，每单位皇家荷兰股票的价格应等于1.5倍的壳牌股票。但事实上远非如此。1980年9月～1995年9月期间，皇家荷兰股票与壳牌股票的市场价格按60∶40比例换算后的对等价值有很大的偏离，皇家荷兰股票从低估35%到高估10%。这个事例说明至少个别股票在一定时期内会出现股价被扭曲的情况，那么推而广之，整个市场在一定时期内也可能出现被高估的现象。

## 二、股市泡沫存在的统计论据

上面从推导的角度以及个股的角度指出了有效市场假说的局限性，分析了泡沫存在的可能性。以下用统计的方法，从整个股票市场的角度来分析股市泡沫是否存在。

### 1. 从股价运动规律来看股市泡沫的存在

从大量实证分析的结果来看，有些学者发现了以下一些现象：许多按照“传统”方法衡量被高估的股票，它们随后的表现往往不尽如人意。例如，圣乔依·贝苏（Sanjoy Basu）于1977年就发现高市盈率股票的后续表现不如低市盈率股票的后续表现；法马和弗伦奇于1992年发现高市值比率（市值/账面价值）股票的后续表现不如低市价比率股票的后续表现；德·邦德和理查德·塞勒于1985年发现5年内涨幅较大的股票往往在随后的5年内出现股价下跌，而5年内跌幅较大的股票往往在随后的5年内出现股价上涨。这些发现表明这样一个基本事实：股价围绕着一个均衡的趋势上下波动，当股价高于均衡值时，就是股市泡沫的形成（泡沫有大有小，持续时间有长有短），但最终结果是泡沫破灭（如图3.1所示）。

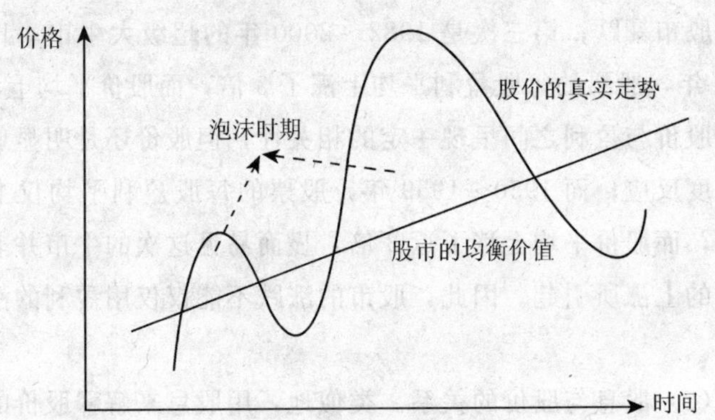


**图3.1　股价走势图**

资料来源：梁宇峰．股市泡沫问题研究［D］．复旦大学，2001.8

**2. 从收益、股息与股价的关系来看股市泡沫的存在**

理论上说，股票的基础价值是未来股息流的贴现值，因此，与股票的每股盈利、股息等应该是高度相关的。但在现实中，两者经常背离或步调不一致。从这个角度出发，反过来说明股票价格中经常含有非价值因素，即泡沫因素。

(1) 收益与股价的关系。美国知名的投资分析家彼特·林奇(Peter Lynch)指出：从第二次世界大战以来，剔除9次经济衰退的影响，期间股价平均上涨63倍，而每股收益平均上涨54倍。由此他得出这样的结论：美国股市的上涨主要是由于盈利上涨所导致的，因而无须担心泡沫问题。

把这一点放在长达五十多年的时间段来考虑可能是正确的，但如果选取某一时间段进行观察，则会出现截然不同的结论。美国股市迄今为止真正意义上的大牛市出现过3次，第一次是20世纪20年代的大牛市，结果是以1929年的崩溃告终；第二次是20世纪50年代到60年代的大牛市，但紧接着的是1973～1974年的股市暴跌；第三次是1982～2000年的超级大牛市。1920～1929年，股票的每股盈利平均上涨了3倍，而股价平均上涨了7倍，股价与盈利之间呈现一定的相关性，但股价还是明显地出现了过度反应；而1950～1959年，股票的每股盈利平均仅上涨了16%，而股价平均上涨了近3倍，显而易见这次的牛市并非由于盈利的上涨所引起。因此，股市的涨跌不能仅仅用盈利的涨跌来解释。

(2) 股息与股价的关系。类似地，用股息来解释股价的涨跌有时候同样显得苍白无力。例如，美国股市从1929年的最高点到1932年的最低点下跌了81%，但股息仅仅下跌了11%；从1973年的最高点到1974年的最低点下跌了54%，但股息仅仅下跌了6%。类似的例子数不胜数。

**3. 从股价的波动性检验来看股市泡沫的存在**

如果股市中不存在泡沫，那么股价的波动性与股息的波动性应该大致相当。但大量的实证分析表明，股价的波动性远远大于股息的波动性，再次证明股市泡沫的存在。其中，最有名的研究是由罗伯特·希勒（Robert Shiller）完成的，他于1981年在《美国经济评论》杂志上发表了《股票价格与随后的股息变动相比是否波动太大了》的文章，指出股价的波动幅度之大很难用随后的股息波动来解释。他在著作《非理性的狂热》中，应用最新的数据分析了美国20世纪90年代股市的现状，指出90年代后半期美国股市存在着严重的泡沫问题。

因此，从上述分析中我们可以得出这样的结论：有效市场假说有其一定的局限性，股市泡沫完全有可能在一定的条件下、在一定的时期内存在并不断膨胀。

## 三、其他资产存在泡沫的可能性

价格泡沫作为一种因市场价格偏离基本价值而产生的经济现象，终归是由经济主体的投资行为引起的。在瓦尔拉斯均衡[9]中，假定市场交易是在完全确定的条件下进行的，经济主体的投资行为也是完全理性的，于是，一个完善的、发达的市场会对任何经济主体的买卖行为迅速做出反应，最终使市场上各种对立的、变动的力量达到均衡，从而形成商品的均衡价格。在新古典理论中，假定所有的市场参与者有完全的市场知识，认为供给能够创造自己的需求，价格的自由调节能够使市场不断出清。

以上的理论体系及其经济学结论是在完全竞争市场条件下建立起来的，完全竞争市场的一个极其重要的特征是信息完全。完全竞争市场这一假设意味着经济主体面临的是一个确定的经济环境。然而，在现实经济活动中，完全竞争的市场是不存在的，这种市场状态不仅在发达国家没有出现，在发展中国家更是难以寻觅，现实的市场状况离完全竞争的条件相去甚远。由于人类所处的特定历史发展阶段，认识世界的能力和理性有限，人类不能比较充分地认识自己所处的具有无限多样性的现实世界的变化和发展，进而准确地预见其可能的变化。可见，现实世界中处处充满着不确定性，经济主体并不拥有完全信息，各种经济金融活动就是在这样的状况下进行的。所谓“不确定性”，是指市场行为者面临的、直接或间接影响经济活动的那些难以完全和准确地加以观察、测定、分析和预见的各种内生因素和外生因素。由于不确定性的存在，经济主体对未来的预期不同，对风险的偏好程度不一致，他们的投资行为必然会引起资产价格的波动。

在实际经济中，由于极其高昂的信息搜索成本的存在，不同经济主体获取信息和处理信息的能力不同，广泛存在着信息不对称问题。不同经济主体对信息量的拥有各不相同，从而使得任何经济主体无法精确预期其他个体的行为，因而其行为的最优化还依赖于其他经济主体的经济行为。因此，在信息不对称的情况下，极易导致经济主体的行为异化，引发资产价格的大幅度波动，产生泡沫。

在所有市场经济国家或地区，股票市场恐怕比其他所有市场（包括商品市场和其他金融市场）在交易场所上更集中，在交易手段上更规范，在参与主体上更广泛，在交易量上更大，在标的物换手率上更高，在信息披露上更公开，在信息传播上更快捷，在价格决定上更公正，被以法马为代表的一些经济学家看做是有效市场。本书在前面已讨论过，股票市场并非有效市场。那么，根据股票市场和其他市场的特征，可以推断出其他市场也不是有效市场。于是，可以得出结论：任何市场都不是有效市场，其他资产上也可能出现经济泡沫。总而言之，经济泡沫是可能存在的。

## 第二节 投资者行为与经济泡沫

### 一、投资者理性决策模型

理性决策，是指在风险决策过程中决策者为了达到某个特定的目标，使用对于决策情境而言是适当而合理的手段所做出的决策。研究者们已经提出了许多有关人类理性决策过程的理论模型，试图说明决策者进行理性决策的过程，并在理论上说明决策者所做出的决策应该在多大程度上是理性的，其中主要有经济学模型、有限理性模型、投资行为模型以及社会模型。这些模型对决策的理性模式所持的看法都有差异。表面看起来，这些理论模型之间互相对立、无法相容。实际上，这四种模型并不是完全互相对立，而是恰好在决策的理性程度这一维度上形成对决策理性的相互补充的四种理论观点，它们在决策理性这一连续体上从完全的理性到完全的非理性之间构成了一个关于理性决策的完整的行为模式。虽然每一种理论模式都有其合理与不合理之处，都无法很好地对人类决策者的理性决策过程做出解释，但是，若把这些模式结合在一起，则可以对决策者的理性决策行为做出更充分的说明[10]。

**1. 经济学模型**

理性决策的经济学模型最初来源于经典的关于决策的微观经济学模型。这种模型的基本出发点认为决策者的决策应该是完全理性的，从而得出经济学模型的基本命题是决策理性最大化或决策方案最佳化。在这种理论看来，决策者在进行决策时，就相当于在一个已知的和给定的环境中进行最大化选择或者最佳选择。

该模型把人类决策者的决策行为完全看成是经济行为，主要存在的问题是，依照经济学模型，只有在假定决策者对每一项备择方案的后果都完全知晓、确定无误的情境下，才有可能做出完全理性的决策。而且，在决策时，还必须假定所有的备择方案都是已知的，每项方案可能产生的一切后果也是已知的或者完全确定的，更重要的是决策者还必须能把所有的决策后果按照其效用值排列成完整的效用数列。而这在实际决策过程中往往是不太可能的，即使是可能的，也只是对于那些相对确定的决策情境（即封闭决策任务情境）才是可行的一种理论上的说明。

**2. 有限理性模型**

西蒙认为在真正的决策过程中，基本上是不存在像经济学模型所提出的那些完全理性的假设前提的，而是会发生对效用最大化的偏离。决策往往很难对每一项备择方案可能产生的后果进行完全正确的预测，也很难考虑到所有可能的决策方案。况且，对于一项决策是否正确的认知或知觉往往还在很大程度上受到决策者本人的价值观、对决策目标的认识程度、有关的知识广度与深度以及决策资料的了解程度等因素的影响。所有的决策都应当是在有限的理性状态下进行的。由此，西蒙认为，绝大多数的人类决策方案，无论是个人的还是组织机构的决策，一般都属于这种有限理性的决策，都是在寻求满意方案而不是最佳方案。

**3. 投资行为模型**

在西方，行为经济学家们早已把心理学纳入对证券投资者的行为分析。在这一方面，最早进行研究的是以色列行为经济学家阿莫斯·特维尔斯基（Amos Trersky）和美国行为经济学家丹尼尔·卡尼曼（Daniel Kahneman）。他们在 20 世纪 70 年代通过观察和实验发现，大多数投资者并非是理性投资者，而是非理性投资者，其行为的期望值是多种多样的。在此基础上，他们提出了投资行为的“期望理论”。简单地说，该理论认为，投资者对收益的效用函数是凹函数，而对损失的效用函数是凸函数。该理论实际上是把投资者的感受和情绪纳入投资行为中。

**4. 社会模型**

相对于经济学模型的极端就是决策的社会模型。弗洛伊德认为人类是一种有复杂情绪、情感与本能的动物，人类的绝大部分行为都是受到其潜意识的欲望与冲动所支配的。他的理论意指人类无法做出任何理性的决策。

尽管大多数的当代心理学家都或多或少地对弗洛伊德的理论存有异议，但是几乎所有的心理学家都会承认社会因素对于决策行为的重要影响，也有部分经济学家如缪尔达尔、凯恩斯、弗里德曼和卢卡斯等认识到心理因素对投资决策的影响。被著名的阿西实验所证实的从众效应的存在表明，人类存在着相当程度的非理性行为。

通过对上述四个模型的回顾，可以得出两个结论：①理性与非理性是由于不同程度的理性构成的一维空间上的两种理论上的极端状态，完全的理性与完全的非理性都是少见的，甚至是根本不存在的。绝大多数的人类行为特别是决策行为都是处在理性与非理性之间的，只是理性的程度不同而已。②处于理性与非理性之间不同程度的理性称为有限理性，它意味着如果某种决策是理性的，也只不过是在一定程度上或一定限度内的有限理性。

## 二、有限理性个体决策偏离理性的方式

卡尼曼和特维尔斯基认为，人们在面对复杂的、不确定的、缺乏现实算法的问题时依赖于几个经验推断法来进行决策，以寻

求解决问题的捷径，这些经验规则往往使得人们处理问题和决策判断时有了一些相对迅速、简单的方法和标准。在日常生活中，启发式决策经常被采用而且十分有效。但是，当涉及与统计有关的投资行为时，人的心理状态会扭曲推理过程，常常会导致一些不自觉的偏误。他们认为致使判断偏离理性的具体方式有四种[11]：

**1. 代表性经验推断法和小数定律**

特维尔斯基和卡尼曼最早进行了这方面的实验探索。他们在实验中发现，被试者对先验概率是忽视的，其后验概率主要受样本信息特征影响。人们倾向于根据样本是否代表（或类似）总体来判断其出现的概率，他们把这一效应称为“代表性启发”。常见的表现有，人们习惯用大样本中的小样本去代替此大样本；或者凭经验掌握了一些事物的“代表性特征”，当人们判断某一事物是否出现时，他们常常只看这一事物的“代表性特征”是否出现。格雷泽（Grether，1980）也认为，人们会倾向于根据传统或类似的情况，对事件加以分类，然后在评估事件概率高低时，会过度相信历史重演的可能。

特维尔斯基和卡尼曼（Tversky and Kahneman，1974）揭示了人们利用代表性的启发方法形成信念和推理时存在两个代表性偏误：一是过于注重事件的某个特征而忽视其出现的无条件概率；二是忽略了样本大小对推理的影响。

代表性偏误的两种表现在股票市场中常常可见。在那些资产内在价值难以确定的市场中也经常出现，如投资者认为过去的状况会持续，过去的输家对未来价格走势会过度悲观，而过去的赢家对后市会过度乐观，结果使得价格与基本面价值的差异越来越大。

**2. 易获得性启发法**

投资者在实际投资的时候，其决策与该问题的资料信息是否充分、是否容易获得有关。很多时候，人们只是简单地根据信息获取的难易程度来确定事件发生的可能性。卡尼曼和特维尔斯基（Kahneman and Tversky，1973）将“容易令人联想的事件会让人误认为这个事件常常发生”这种现象称为易获得性偏误。他们认为，造成这种现象是因为个人不能完全从记忆中获得所有相关的信息，所以往往对容易记起来的事情更加关注，认为其发生的可能性较大。比如，具体事情比抽象概念容易记住，因为它给人的印象更深刻。

现实金融市场中有许多这方面的例子。例如，希勒（Shiller，2000）通过调查发现，20 世纪 90 年代后的股市繁荣伴随着网络的迅速发展，网络使用者们倾向于将股市繁荣归功于网络的发展。由于网络的发展给人的印象比较深刻，相对于其他的事情，这些投资者认为网络在这一轮牛市行情中起着更重要的作用。

**3. 锚定与调整启发法**

所谓锚定调整法则，是指人们在判断和评估中，往往先设定一个最容易获得的信息作为估计的初始值或基准值（称为“锚点”），目标价值以锚点为基础结合其他信息进行一定的上下调整而得出。这些起始值的设定，会受到很多影响，围绕起始值的调整也是不充分的，而且不同的初始值会产生不同的最终估计，这种由于参考点的不同引起的暂时的反应不足和决策偏差称为“锚定效应”，锚定效应在复杂事件的风险评估过程中尤其显著。

卡尼曼和特维尔斯基（Kahneman and Tversky，1974）认为，起始值的设定，会受问题被陈述时提到的任何数量所影响。他们描述的幸运轮实验就清晰地表明：人们过多地受到无意义的初始值的约束与左右。另外，斯罗维克和列支敦士登（Sloovic and Lichtenstein，1971）指出，无论初始值是问题中暗示的还是粗略计算出来的，随后的调整通常都不够。

金融市场中常见的对价格的锚定以及反应不足等现象同锚定与调整启发法有密切的关系。卡特勒、波特巴和萨默斯（Cutler, Poterba and Summers, 1989）发现，当重要消息发布时，股票价格只有少许变动，随后在没有其他什么重大信息透露时发生巨幅变动。卡尔特、波特巴和萨默斯（Culter, Poterba and Summers, 1991）也发现短于一年的短期报酬率呈现正自我相关的现象，此种正自我相关的现象意味着价格对消息一开始就反应不足，然后逐渐消化并反映出来。波奈德和托马斯（Bernard and Thomas, 1992）发现公司股票价格会延迟反应公司盈余的消息。

拉·波他（La Porta, 1996）发现分析师预期的低盈利成长的公司在盈利宣告日股价会上升，而分析师预期的高盈利成长的公司股价在盈利宣告日会下跌。他认为该现象的原因主要在于分析师（包括市场）会过度地依赖过去的盈利变化来做预测，而且当盈利的消息产生时，调整的速度相对较慢。雪弗林（Shefrin, 2000）也认为分析师和投资者对于新信息的反应都比较保守。

另外，由于锚定作用，给定基本事件的概率，人们通常高估连续事件的概率，而低估分离事件的概率。日常生活中，这种锚定现象也很常见。一个复杂的系统由很多环节组成，尽管每一个环节的成功率比较高，但如果环节比较多的话，这个系统总的成功概率可能会比较低。然而现实中，由于上面所说的锚定因素，人们常常会乐观地估计该系统的概率。

**4. 框架依赖**

人们在决策过程中，并不仅仅依赖于已有的知识和记忆，他们在形成认知时，由于自己的心理状态、问题表述方式等不同，其所获得的感知程度也不同。因此，背景或者说事物描述和表现的方式会影响到我们对一个事物的认知和判断。框架依赖就是指个人会因为情境或问题表达的不同而对同一组选项表现出不同的偏好序列，从而做出不同的选择。框架依赖体现出人是有限理性的，同一个选择的不同表达方式可能会引导我们关注问题的不同方面，致使我们在寻找真实、潜在的偏好时犯错误。由框架依赖导致的认知与判断偏差即为“框架偏差”，它是指人们的判断和决策很多时候依赖于问题的表面形式。

## 三、投资者非理性行为与经济泡沫

人们在日常生活中会犯各种各样的认知偏差，进行投资决策时也不例外。无论是初涉市场的个人投资者，还是资深的市场行情分析师，他们的决策都或多或少地受到情绪、性格及心理感觉等主观因素的影响，投资者并不总是以理性的态度做出决策，其投资行为不仅受到自身固有的认知偏差影响，同时还受到外界环境的干扰。1996 年 12 月 4 日，美国著名的行为金融学家罗伯特·希勒（Robert J. Shiller）向美联储主席阿兰·格林斯潘和董事会其他成员作了一个报告，证明美国股市水平不合理的状况，第二天，格林斯潘发表了著名的“非理性繁荣”的演讲，导致了美欧等国股市的暴跌。然而，仅仅过了几个月，他又站在乐观派的阵营，鼓吹经济及股市进入“新时代”。作为著名的经济学家、操纵世界金融“火车头”的美联储主席尚不能摆脱非理性的影响，那么对于普通的投资者而言，其投资行为中显现出的非理性（或有限理性）特质就不足为奇了。

投资者在进行投资决策时，其心理因素会随着外界环境的变化而发生微妙的改变，人类固有的行为模式会不知不觉地主宰投资者的行为，尤其是当资产市场面临着很多不确定性和不可预测性时，情况更是如此。每一个投资者开始总是试图进行理性投资，并希望规避风险，但是，当投资者发现由于自己有限的能力无法把握投资行为的可靠性时，投资者就会向政策的制定者、媒体、专家或者自己的感觉、经验等寻求心理依托，投资行为的前景越不明朗，投资者的心理依托感就会越强烈，人类特有的认知偏差的弱点就会显现，即尽管投资者作为心理健康且具备良好思辨能力的正常人，仍有可能会出现认识上的偏差，从而产生种种不理智和非理智的行为。由环境的不确定性引发投资心理变化和行为，加上认知的特有方式，最终导致投资者行为的变化轨迹[12]，见图 3.2。

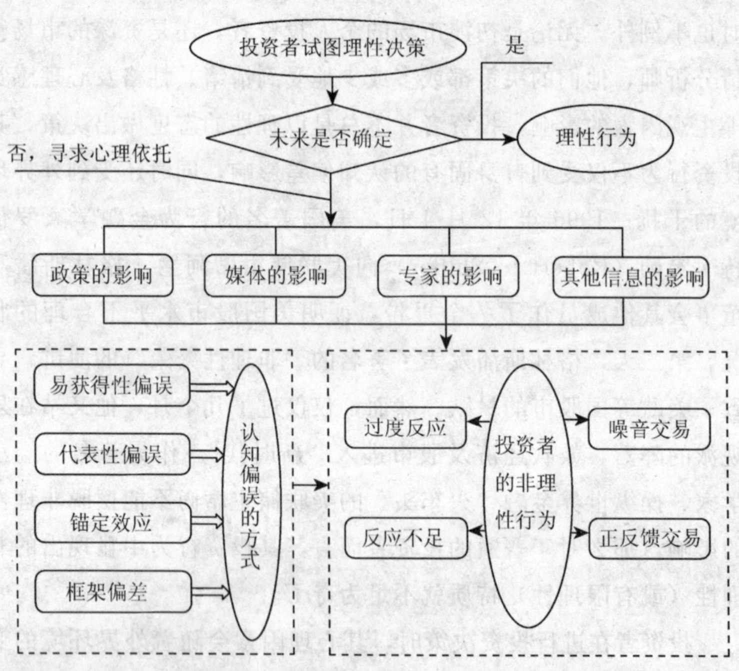


**图 3.2　投资者心理及行为变化轨迹**

投资者在信息以及认知偏差的影响下，在金融市场中表现出各种各样的行为特征，比较有代表性的包括反应过度、反应不足、噪音交易、正反馈交易等。正是这些行为特征，促成了经济泡沫的出现，这将在本书第四章第二节中详细分析。尽管目前还没有对其他市场中投资者的心理和行为特征进行实证研究，在不确定性条件下，投资者在其他市场如房地产市场中也有类似的非理性行为，使经济泡沫反复出现。

## 第三节　资产特性与经济泡沫

### 一、资产基本价值的难以确定性

在市场经济中，资产的市场价格是由供需两方面的力量共同决定的，由于市场需求中可能存在投机需求，因此，由市场供需所决定的资产价格还不是其基本价值，某种资产基本价值是由供给和市场真实需求（不包括投机需求）所决定的。这样，任何影响供给和真实需求的因素都会使资产的基本价值发生变动，从而使市场经济制度下资产的基本价值难以确定。

**1. 股票等虚拟资本的基本价值**

对于诸如股票等资本的基本价值，可采用经济学中常用的金融资产收入资本化定价方法，即虚拟资本的基本价值取决于该项资产预期收益的大小和可靠程度以及无风险资产的现实收益率，是资产所有者从其拥有的资产中获得的预期现金流量的净现值。设 $E[d_{t+i+1} \mid I_t]$ 是根据时点 t 的信息集 $I_t$ 对第 t+i+1 期虚拟资

产收益 $d_{t+i+1}$ 的预期值；$r_{t+j}$ 是第 t+j 期无风险资产的现实收益率，它是时间 t 的函数。对于风险中性投资者，第 t+j 期净现值的折现率 $R_{t+j}$ 就取 $r_{t+j}$；对于风险厌恶型投资者，取 $R_{t+j}=r_{t+j}+r_d$，其中 $r_d$ 是风险贴水率；对于风险喜好型投资者，取 $k_{t+j}=r_{t+j}-r_p$，其中 $r_p$ 是风险升水率。对于一个风险中性型或风险厌恶型或风险喜好型的个人，则虚拟资本基本价值 $p_t$ 的计算公式可以表达为：

$$p_t=\sum_{i=1}^{\infty}\frac{E[d_{t+i+1} \mid I_t]}{\prod_{j=1}^{\infty}(1+k_{t+j})}$$

既然虚拟资本的内在基本价值是预期资产收益的资本化，那么，它必然会受到人们主观预期、利息率和风险偏好的影响，因此，企业的经营状况、政治、经济和社会等各方面的因素都会影响虚拟资本的基本价值，使之经常处于变动之中[13]。尽管从理论上可以定义诸如股票等虚拟资本的真实需求是资产的市场价格等于基本价值时的市场需求，但是由于虚拟资本的基本价值经常处于变动之中，其真实需求难以捉摸。通常，资产的基本价值越是难以确定，就越容易出现经济泡沫。

**2. 房地产的基本价值**

在市场经济中，任何商品的市场价格都是由供、需两方面的力量共同决定的，当然房地产的价格也不例外。由于在房地产的需求中可能存在投机需求，因此，由市场供、需两方面所决定的房地产市场价格也不一定是房地产的基本价值，房地产的基本价值应是由其供给和真实需求两方面的力量共同决定的。

随着经济的发展，对房地产的需求将不断增加，这种需求的增加是真实需求的增加，不同于投机的增加。由于土地的供给是完全无弹性的：某一特定区域已经开发完毕的房地产的实物供给也是完全没有弹性的（关于这一点将在下面讨论），因此，土地或房地产整体的内在价值有不断上升的趋势。如图3.3所示，当对房地产的真实需求增加时，原来的真实需求曲线$D_0D_0$向右方移动，形成新的真实需求曲线$D_1D_1$，这时所决定的房地产的基本价值$P_1$就高于原来的$P_0$，但$P_1-P_0$并不是房地产的价格泡沫，而是房地产基本价值的上升，是人口增加、经济发展的必然结果。由于信息不对称及投资者的非理性，投资者无法准确区分真实需求与投机需求。如果存在投机需求，形成新的需求曲线是$D_2D_2$而不是$D_1D_1$，房地产的市场价格为$P_2$，$P_2-P_1$就是房地产的价格泡沫。对于基本价值难以确定的物品，如股票、房地产、黄金、艺术品或外汇等，在经济主体的非确定预期下会出现经济泡沫；而对于价值显然确定的资产，在经济主体的确定预期下不会导致经济泡沫。因此，市场经济制度使资产的基本价值难以确定是经济泡沫形成的先决条件。

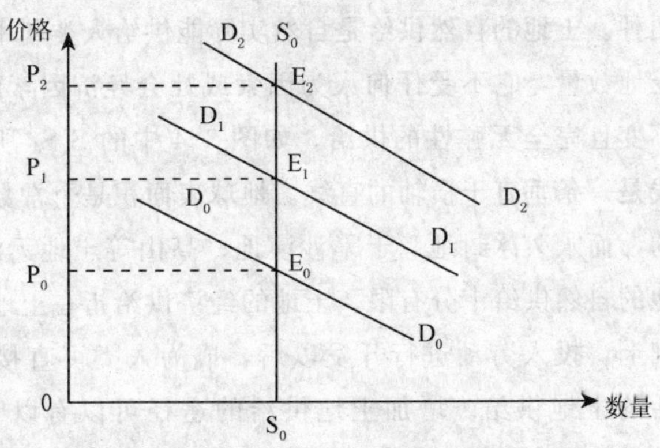


**图3.3 房地产真实价值的决定方法示意图**

## 二、资产的供给特性与经济泡沫

为什么有些资产容易产生经济泡沫？作者认为，其原因就在于这些资产的供给在一定时期内不易变化，尤其是不易增加且缺乏弹性（甚至完全无弹性）。为解释其中的原因，下面主要以股票市场和房地产市场为例进行讨论。

**1. 股票和房地产的内在供给特性**

（1）股票的内在供给特性。股票市场之所以最容易出现经济泡沫，除了股票是一种虚拟资本，其内在价值更加难以确定这一特殊性之外，还在于股票的内在供给特性，即在一定时期内股票的供给也是不易变化且缺乏弹性（甚至完全无弹性）的。造成股票的供给不易变化且缺乏弹性的主要原因是各国对股票的上市、新股的发行以及已上市股票的赎回都有严格的规定，股份有限公司不能随心所欲地增发或赎回已发行的股票。

（2）地产的内在供给特性。土地的供给可分为自然供给和经济供给两种。土地的自然供给是自然实际能供给人类利用的各种类型的土地数量，它不受任何人为因素或社会经济因素的影响，是固定不变且完全无弹性的供给。如图 3.4 中的 $S_0S_0$ 所示，其供给曲线是一条垂直于横轴的直线。地球表面积是个常数，是不会变化的，而永久冰封地、干旱沙漠地、高山等土地无法利用，可用土地的自然供给十分有限。土地的经济供给指在土地自然供给的基础上，投入劳动进行开发以后，成为人类可直接用于生产、生活的土地供给。增加土地供给的途径可以有以下几种：①不断扩大土地利用的面积。在土地的自然供给量中，尚有一定数量的可利用而未被利用的土地。当然，这部分土地资源能否被利用，利用率有多高以及利用速度有多快等问题与土地开发利用的历史、开发能力和开发手段密切相关。②提高土地利用率，间接地增加土地供给。③调节消费结构，尽量减少占地大的消费场所。④利用新技术发展新型工业，代替占地多的旧工业。⑤积极地调整影响土地合理利用的社会经济因素。⑥保护土地资源。

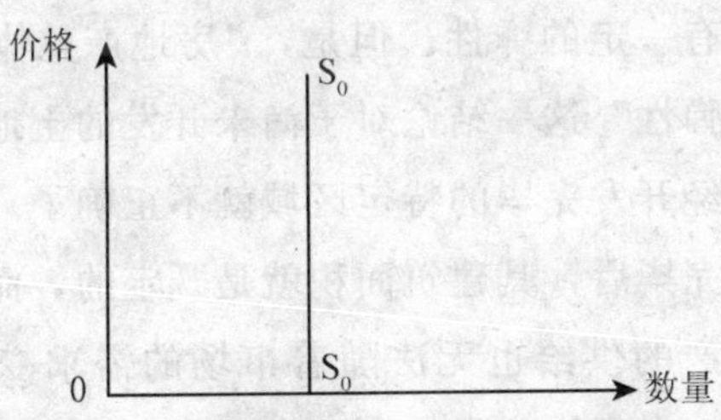


**图 3.4　土地或地产的供给特性示意图**

资料来源：扈文秀．经济泡沫与泡沫经济研究［D］．西安交通大学，2000.45

虽然通过以上几种途径人们能够增加土地的经济供给，但效果并不明显。这样，土地的经济供给也是不易增加且非常缺乏弹性的供给。在土地的经济供给中，扣除农业耕地才是可以用来开发房产的土地，即本书所说的地产。因此，地产的供给相对土地的经济供给来说更加稀缺和缺乏弹性，也可以看做是不易增加且完全无弹性的供给。以上是从总体上来论述地产的供给特性的，如果就某一特定地域的地产来说，由于土地的不可移动性，该地域地产的供给就是固定不变的，而且更加缺乏弹性。因此，地产的供给曲线无论从国家整体来说还是从局部地域来说，都是不易增加且完全没有弹性的，可以看做是如图 3.4 中 $S_0S_0$ 所示的一条垂直于横轴的直线。

（3）房地产整体的内在供给特性。尽管土地与地产的供给不易变化，尤其是不易增加且完全无弹性，但房地产作为一个整体，其供给与地产的供给不同，房地产整体的供给在一定时期内还是可变且具有一定弹性的。因为对于既定的土地面积，我们可以通过努力增加建筑层数，向空间和地下发展的方法增加既定土地上的房产供应数量，从而使房地产整体的供给可以变化（此时是增加）且具有一定的弹性。但是，“房地产整体供给可以变化且具有一定的弹性”这一结论对于尚未开发的土地是正确的，但如果就某一已经开发完毕的特定区域就不正确了。某一特定区域的房地产开发完毕后，其建筑面积就是既定的，而且由于其不能移动性，房地产的供给也无法随着市场的需求变化而变化。因此，某一已经开发完毕的特定区域房地产的供给是不易变化且完全没有弹性的。可能有人会说，在某一特定区域，如果房地产的租金提高，其供应量就可能增大，因为房地租的提高可能促使人们把多余的房地产提供出来，或者减少对房地产的现有使用面积，拿出一部分进行出租。这样，在该地区的房地产的供给就可能具有一定弹性。持这种想法的人显然没有把房地产的实物供给与服务供给区分开来。通常认为，房地产的实物供给不易变化且不具有弹性；但房地产的服务供给是可变且具有一定弹性的。在房地产的租赁市场上，产权没有发生让渡，业主所提供的只是房地产的服务供给；而在房地产的买卖交易市场上，产权发生了让渡，业主所提供的是房地产的实物供给。我们这里研究房地产市场上的经济泡沫，涉及的是房地产的买卖交易，不是服务出租，因而可以说某一已经开发完毕特定区域的房地产的实物供给是不易变化，尤其是不易增加且完全没有弹性的[14]。

**2. 资产的内在供给特性与资产泡沫的形成**

如图 3.5 所示，假设在某一资产市场上，市场供给曲线为

$S_0S_0$，它是一条完全无弹性的线。原来的市场需求曲线为 $D_0D_0$，并假设这时的 $D_0D_0$ 中没有投机需求，那么供需交点 $E_0$ 决定的价格水平正好等于资产的内在价值 $P_f$。如果某种外在因素的变化使人们产生了“未来真实需求将增加”的预期，在市场经济制度下，套利者必然会出现，从而在本期提前产生投机需求，使市场需求曲线 $D_0D_0$ 向右上方移动到 $D_1D_1$，由 $D_1D_1$ 和 $S_0S_0$ 交点 $E_1$ 所决定的市场均衡价格为 $P_1$，$P_1-P_f$ 就是此时资产上经济泡沫的大小。如果资产市场是充分有效的，而且套利者能够对未来的真实需求做到理性预期，那么，这时的资产价格泡沫属于理性经济泡沫的范畴。随着时间的推移，$D_1D_1$ 中的真实需求在增加，投机需求在减少，最终 $D_1D_1$ 变成没有投机需求的真实需求曲线，资产的内在价值也随之上升到 $P_1$，经济泡沫消失。

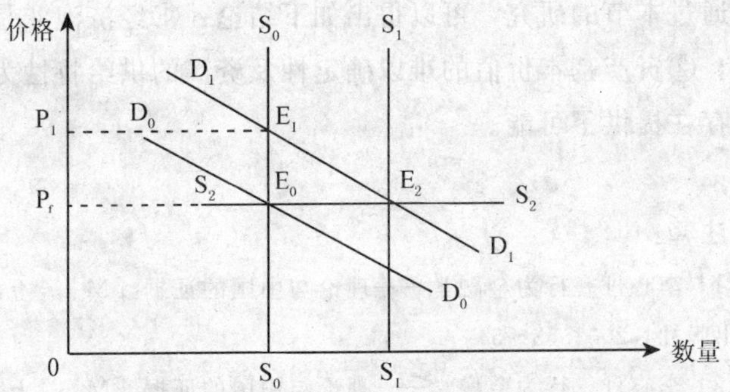


**图 3.5　资产的内在供给特性与资产泡沫的形成示意图**

资料来源：扈文秀．经济泡沫与泡沫经济研究［D］．西安交通大学，2000.48

可见，资产市场上会产生经济泡沫的关键在于供给 $S_0S_0$ 在一定时期内不易变化，尤其是不易增加且缺乏弹性。假如随着需求增加到 $D_1D_1$，供给曲线也能随之从 $S_0S_0$ 右移到 $S_1S_1$ 形成新

的交点 $E_2$，那么即使本期预期到未来资产的真实需求将增加到 $D_1D_1$，也不会预期到未来资产的内在价值 $P_f$ 会上升。这样，本期的投机需求也不会产生，$D_0D_0$ 只能在真实需求的推动下逐步向右上方移动到 $D_1D_1$，其中没有任何投机需求的成分。另外，如果资产的供给曲线是一条完全有弹性的水平线（如图 3.5 中 $S_2S_2$ 所示），则无论市场需求线如何变动都不会形成资产价格上升的预期，当然也就不会产生投机需求。因此，资产上经济泡沫存在的关键在于资产的供给在一定时期内不易变化，尤其是不易增加且缺乏弹性。资产的这种供给特性决定了即使资产的市场价格发生很大的变化，也不能及时地增减供给以满足市场需求。这样，资产的市场价格经常偏离内在价值，产生大量经济泡沫。如果资产的供给可变或供给具有无限弹性，则根本不可能存在经济泡沫。

通过本节的研究，可以得出如下结论：①经济泡沫是客观存在的。②资产基本价值的难以确定性及资产的供给特性为经济泡沫的存在提供了可能。

**注释：**

［1］李心丹．行为金融学——理论与中国的证据［M］．上海：上海三联出版社，2003.53～54

［2］李心丹．行为金融学——理论与中国的证据［M］．上海：上海三联出版社，2003.59

［3］Shiller，R. “Do stock prices move too much to be Justified by subsequent changes in dividends?”．*American Economic Review*，1981（71）：421～436

［4］De Bondt，W. F. M. and Thaler，K. “Does the stock market overreact?”．*Journal of Finance*，1985（40）：793～805

[5] Fama, E. "Efficient capital markets : Ⅱ". *Journal of Finance*, 1991 (46): 1575～1617

[6] [美] 安德瑞·史莱佛. 并非有效的市场——行为金融学导论 [M]. 北京: 中国人民大学出版社, 2003. 18～21

[7] 贝叶斯准则是指以期望收益作为行动优劣的标准

[8] 李心丹. 行为金融学——理论与中国的证据 [M]. 上海: 上海三联出版社, 2003. 62

[9] 瓦尔拉斯均衡是指瑞士洛桑学院任教的法国经济学家里昂·瓦尔拉斯于19世纪70年代创立的一般均衡。他把所有市场供求都相等的经济状态称为"一般均衡", 并将所有市场的供求均衡等式组成一个庞大的方程组, 然后求出所有商品的价格解

[10] 刘霞. 风险决策: 过程、心理与文化 [M]. 北京: 经济科学出版社, 1998. 208～216

[11] 湛志伟. 坎内曼与塞勒对行为经济学的贡献 [J]. 经济学动态, 2002 (9): 69～71

[12] 李心丹. 行为金融学——理论与中国的证据 [M]. 上海: 上海三联出版社, 2003. 105～106

[13] 扈文秀. 经济泡沫与泡沫经济研究 [D]. 西安交通大学, 2000. 44～45

[14] 扈文秀. 经济泡沫与泡沫经济研究 [D]. 西安交通大学, 2000. 45～48

# 第四章　经济泡沫形成的微观机制

探讨经济泡沫的形成机制，较早期见于弗卢德和嘉伯(Flood and Garber，1980)[1]，他们首次引入理性预期模型。布兰查德和沃特森（Blanchard and Watson，1982）提出：除了非理性泡沫之外，还存在着理性泡沫。他们建立了一个动态预测模型来讨论经济泡沫的形成过程。下面将分别研究理性泡沫和非理性泡沫的形成机制。

## 第一节　理性泡沫的形成机制

传统经济学认为，在理性人假设的条件下，资产价格必然反映基础价值，不可能出现泡沫。但研究结果表明，只要满足一定的条件，即使投资者是理性的，投资者仍然有可能愿意买入明知被高估的资产，这就是理性泡沫。理性泡沫必须按照一定的轨迹膨胀才可能满足投资者的需求。在信息完全充分的条件下，只有存在无限个投资者才可能产生理性泡沫（无限型理性泡沫）；在信息不完全的情况下，投资者数量有限时也可能产生泡沫（有限型理性泡沫)[2]。这里以股票市场为例来描述理性泡沫的形成机制。

## 一、完全信息下的无限型理性泡沫

股票市场的理性泡沫是以市场有效性及经济主体行为理性为基本前提的。市场的有效性使得经济主体可以充分地利用完全信息对市场做出理性预期，形成合理性的行为，此时的金融市场是趋向于均衡的。理性的泡沫理论假说认为，金融资产的实际价格除了反映其市场基础价格之外，还包含着理性泡沫。

在有效市场条件下，某种资产的预期收益率等于投资者要求的收益率，资产收益率模型为：

$$E_t[R_{t+1}] = r_{t+1} \tag{4.1}$$

(4.1) 式中，$E_t$ 是在 t 时刻给定信息集下的数学期望，$R_{t+1}$ 是资产在 t+1 时刻的收益率，$R_{t+1} = (p_{t+1} - p_t + d_{t+1})/p_t$，$r_{t+1}$是投资者要求的随时间而改变的收益率，即整个经济体系的平均资产报酬率，是受到宏观经济因素影响的变量，它能够影响所有资产的价格。

若以价格形式表示（4.1）式，则资产的现在值是将来价值按照投资者要求的收益率的折现：

$$p_t = E_t[p_{t+1} + d_{t+1}]/(1 + r_{t+1}) \tag{4.2}$$

式中，$p_{t+1}$，$d_{t+1}$分别是 t+1 时刻的资产价格和股利。

通过对（4.2）式进行前项递推，得到资产的基本价值 $p_t^*$ 为：

$$p_t^* = \sum_{i=1}^{\infty} \frac{E_t[d_{t+i}]}{\prod_{j=1}^{i}(1 + r_{t+j})} \tag{4.3}$$

然而，希勒（Shiller，1978）和威斯特（West，1987）指

出，方程（4.4）同样可能是一种均衡状况：

$$p_t = p_t^* + B_t \tag{4.4}$$

式中，$B_t = E_t[B_{t+1}]/(1+r_{t+1})$，$B_t$ 就是理性价格泡沫，它影响 $p_t$ 的原因在于所有人都如此预期，即它是自我实现的预期。

布兰查德和沃特森（Blanchard and Watson，1982）首次指出了理性泡沫模型，其中泡沫 $B_t$ 与基本价值 $p_t^*$ 呈无关联的自增长。他们提出以下的理性泡沫过程，描绘出泡沫的生成和破灭：

$$B_{t+1} = \begin{cases} \dfrac{(1+r_{t+1})B_t}{\pi} - \dfrac{1-\pi}{\pi}a_0, & \text{概率为 } \pi \\ a_0, & \text{概率为 } 1-\pi \end{cases} \tag{4.5}$$

在（4.5）式描述的过程中，泡沫成长因素恰好足以补偿如果泡沫（$1-\pi$）的概率破灭且回到初始值 $a_0$ 时投资者所遭受的风险。也就是说，投资者完全知道股票的基础价值与泡沫状况，也知道泡沫有可能破灭，但理性的投资者还是会买入股票，只要投资者预期能够从冒险中获得更高的预期回报。圣托尼（Santoni，1987）指出了理性泡沫的三个特征：第一，理性泡沫具有连续性。如果仅依据股票的基础价值来预测股票的价格，回归分析的残差项的期望将不等于零，取得正值的时候更多些。这种单边误差的持续性就形成了理性泡沫。第二，理性泡沫具有连续的膨胀性。投资者认识到价格超过了基础价值，但他们相信泡沫仍持续膨胀，产生更高的足以补偿泡沫破裂概率风险的收益。即使股价被高估，由于投资者相信考虑风险因素后仍将获益，他们理性地继续滞留在市场。第三，理性泡沫不可能出现负值，即基础价值的增长速度永远低于实际股价的增长速度[3]。

以上讨论结果表明，套利本身并不能消灭泡沫。只要泡沫按照一定的规律增长，同样不存在套利机会。但进一步分析后发现，理性泡沫的存在还须具备两个条件。第一，资产是无限期的。假如说某资产的回收期为 t，那么 E（$B_t$）＝0，在 t－1 期时，由于投资者意识到 t 期的泡沫为 0，如果买入含有泡沫的资产必会遭受损失，因此，在 t－1 期也不可能有泡沫。由此递推，E（$B_i$）＝0，其中 i＝0，1，…，t。因此，对于确定期限的资产是不会出现理性泡沫的。第二，投资者的数量是无限的。理性的投资者愿意买入含有泡沫的资产是希望以更高的价格把资产卖给其他投资者以获取价差收入。但是，如果市场中的投资者数量为有限个，假设投资者数量为 n，由于投资者具有完全信息，所以考虑当第 n－1 名投资者期望以更高的价格卖给第 n 名投资者资产时，第 n 名投资者知道自己是接最后一棒，那么他会拒绝买入被高估的资产。这时第 n－1 名投资者由于完全信息同样会预期到第 n 名投资者不会买进被高估的资产，为了避免自己接最后一棒，他也不会买入被高估的资产。以此类推，第 n－2 名，第 n－3 名……投资者都不愿意买入被高估的资产。依此推理，理性泡沫存在的一个先决条件是不断地有新的市场参与者加入。正如庞兹游戏，只有新游戏者的不断加入，庞兹游戏才能够维持下去。

## 二、不完全信息下的有限型理性泡沫

在完全信息下，只要满足价格持续上升、资产是无限期的、投资者的数量是无限的三个条件，理性泡沫以无限型的形式存在。然而，现实中每位投资者对信息的认知和获取能力是不一致的，会出现信息不对称、不完全。下面将讨论不完全信息下也会出现有限型理性泡沫。富兰克林·艾伦和盖瑞·戈顿（Franklin

Allen and Gary Gorton，1993）建立了不完全信息下的有限型理性泡沫模型，这里简称为“F－G”模型，分析了“基金管理者个体理性行为”也会导致泡沫。这个模型放弃了上述模型的三个假设条件，但同时增加了另外一些假设条件。这些增加的假设包括：①所有市场参与者处于一个信息不完全的市场当中。②投资者并非直接投资于股票市场，而是委托给基金经理进行投资。③市场中存在两种基金经理，好的基金经理和坏的基金经理。④投资者与基金经理之间存在着一种类似于看涨期权性质的报酬协议安排，并且由于这种安排以及信息不充分产生了“代理人问题”。通过放松某些假设，并且增加一些假设，同样可以得到理性泡沫的结果：即使所有市场参与者（包括基金经理和投资者）都是理性的，股票市场仍然会产生泡沫。

“F－G”模型虽然分析了投资者知道与基金经理签订类似看涨期权的协议会导致基金经理的道德风险，却没有对投资者仍然与基金经理签订“负盈不负亏”协议这种现象给出有说服力的解释。国内学者梁宇峰博士对该模型进行了修正，放松了这个假设，即投资者既可以自己投资，也可以把资金委托给基金经理，但不一定与基金经理签订类似看涨期权的协议，模型的前提假设包括：

假设1：市场中有n个投资者，他们既可以用自己的资金进行投资，也可以用别人的资金进行投资。

假设2：整个模型的持续时间为1，从t＝0开始直至t＝1，交易能够发生在时间0～1的任何时点上。

假设3：投资者的寿命介于0～1，服从均匀分布。投资者在死亡前消费所有收入。

假设4：投资者的效用函数是消费水平的增函数。他们既可以是风险中立者，也可以是风险厌恶者。

假设 5：基金经理能够及时知道自己的死亡时间，这样他们就可以在死亡前进行交易和消费。每个投资者的死亡时间只有他自己知道，其他人不知道。

假设 6：市场中有一家公司，它发行不派发红利的股票，即该股票的基础价值为零，并且所有投资者都知道这个事实。

假设 7：只有拥有股票的投资者知道股票在谁手中，其他投资者都不知道这个信息。

假设 8：所有投资者对 t 时点的股票价格都有相同的预期 $E(P_t)=P(t)$，其中 $P'(t)>0$。当某个基金经理决定卖出股票的时候，他就到市场中寻找下家。如果下家不止一个，他找到每个下家的概率是相等的。当他找好下家时双方就按照 $E(P_t)$ 成交。如果基金经理找不到下家，股票价格就会下跌为零。

假设 9：当交易发生时，只有交易双方知道情况，第三方不了解交易是否曾经发生。

假设 10：所有基金经理都知道模型的结构，以及模型中随机变量的分布情况，但对于随机变量的具体取值并不了解。

从上面的假设来看，修正的“F－G”模型更具有普遍性。推论如下：

由于 $P'(t)>0$，因而所有投资者都在死亡前夕抛出股票以获得投资收益的最大化。当持有股票的某个投资者在临死前夕 T 时刻找到投资者 i，希望 i 能够买入自己手中的股票。以下是投资者 i 的决策过程：

投资者 i 知道，既然有人在时刻 T 希望抛出股票，意味着抛出的人肯定死亡。投资者关心的是除了自己和已死亡的投资者，其他 n－2 个投资者是否已经全部死亡，如果确定知道其他投资者已经全部死亡，自己将变成最后一棒，他不会买入股票；如果没有，他则有可能买入股票。由于投资者 i 不能观察已经发生的交易，因而不知道有多少人已经死亡，他只能依照概率论来进行推测。通过计算，其他 n－2 个投资者都已经死亡的概率是 $T^{n-1}$，还有其他投资者存活的概率是 $1-T^{n-1}$。

如果没有其他投资者存活，投资者 i 买入股票的损失将是 P（T）。如果还有其他投资者存活，那么股票的价格将随着投资者 i 寿命的延续而上升，直至投资者 i 在死亡前夕抛出股票。由于投资者 i 的寿命服从（0，1）之间的均匀分布，因此，在时刻 T 之后，投资者 i 的寿命将服从（T，1）的均匀分布，密度函数为：

$$f(x)=1/(1-T) \quad \text{当 } T<x<1 \text{ 时}$$

$$\text{或}=0 \quad \text{其他} \tag{4.6}$$

投资者 i 将一直持有股票，直至自己临死的时刻。在这个过程中，股票价格同样是个随机变量，即股票价格＝P（投资者 i 的寿命）。投资者 i 在时刻 T 买入股票之后，股票的预期价格等于：

$$E_{t>T}(P_t)=\int_T^1 \frac{1}{1-T}P(t)\,dt \tag{4.7}$$

因此，投资者 i 买入股票的预期投资效益（或损失）E（Π）是：

$$E(\prod)=(1-T^{n-1})\int_T^1 \frac{1}{1-T}P(t)\,dt-T^{n-1}P(T) \tag{4.8}$$

$$=(1+T+T^2+\cdots+T^{n-2})\int_T^1 P(t)\,dt-T^{n-1}P(T)$$

只要 E（Π）＞0，投资者 i 将愿意买入股票，否则他不会买入股票。

上述推论在任何时刻对任何投资者都有效。因此，泡沫存在的条件是在任何时刻 T，E（Π）>0。

在这里的模型中，由于 $T^{n-1}$ 和 P（T）都随 T 的增加而增加，因而可以预计要使泡沫存在，P（t）必须出现级数增长。也就是说，随着时间的推进，投资者的存活数量将越来越少，市场中还存在下家的概率越来越小，只有股价的预期增长幅度到一定的程度，才能够吸引投资者购买股票。

模型中有两点需要说明：①“信息不完全”不是指市场参与者不了解股票的基础价值和泡沫成分，而是指市场参与者不能确切地知道是否还有其他人愿意接“最后一棒”。②“死亡”是指任何引发基金经理抛售股票离场的事件，如基金到期清盘，基金经理觉得泡沫已经过大等。

### 三、关于理性泡沫模型的讨论

有限型泡沫模型与无限型理性泡沫模型有着以下几个明显而重要的区别：①关于股票的期限，在无限型理性泡沫模型中要求股票的存在期限是无限；在有限型泡沫模型中，股票存在的时间不超过 1，但这里的时间是连续型的。②在无限型理性泡沫模型中，市场参与者的数量必须无限，必须有新的游戏者源源不断地加入进来；在有限型泡沫模型中，市场参与者的数量可以是确定的有限数，不需要新的游戏者加入。③在无限型理性泡沫模型中，股票的价格走势必须以指数形式增长；在“F－G”模型中，只要满足 E $(P_t)'>0$ 就可以，但在修正的“F－G”模型中，股票价格同样需要以级数增长，即在任何时刻下需要满足 E（Π）>0。④有限型理性泡沫模型中的信息是不充分的，即投资者无法确切地知道市场中是否还有其他投资者存活，只能依靠概率来推断[4]。

只要满足前述三个条件，无限型理性泡沫模型也存在于其他资产市场中。如在房地产市场中，若以房租、地租替代股利，同样可以得到房地产市场的无限型理性泡沫模型。

有限型理性泡沫模型考虑了股票市场中存在的“委托—代理问题”，即其基金经理受委托进行投资，如果盈利了可以获得奖励，如果亏损了却不会受到惩罚，这种制度安排实际上是鼓励基金经理进行投机，因为投机的预期效用要大于不投机，这导致泡沫产生并不断膨胀。这里，基金经理也可以假设为非私营的商业银行或金融机构、国有企业、上市公司，代理人受委托资金假设为国有资金或非代理人的资金。那么，我们可以认为，委托—代理关系不只是存在于股票市场的投资者与基金经理之间，无论是市场经济国家，还是计划经济国家，广泛存在委托—代理关系，也处处存在委托—代理问题。

理性泡沫模型可以对泡沫形成过程作些解释，但其前提条件很难与现实相吻合。在现实经济生活中，信息对每个经济人来说并非是完全的，经济人对未来的预期也充满着不确定性。因此，市场并非总是有效的，非理性泡沫往往成为常态。

## 第二节　非理性泡沫的形成机制

第三章第二节中已经分析过，由于外在环境的不确定性和投资者的认知偏差，投资者会出现非理性的投资行为，从而导致市场价格与其内在基础价值的偏离，即非理性泡沫。这里运用研究金融市场中人们非理性行为的行为金融理论来探讨非理性泡沫的形成机制。

## 一、噪音交易与泡沫的形成

布莱克（Black，1986）把不拥有内部信息却非理性地把噪音当做有效信息进行交易的人称为“噪音交易者”。金融市场中的“噪音”具有如下特点：第一，它是虚假或失真的信号，是与投资者价值无关的信息。第二，从其来源看，可能是市场参与者主动制造的虚假信息，也可能是被市场参与者误判的信息。按照有效市场假说隐含的价值判断，只有根据与基础资产价值有关的信息进行交易才能取得效用最大化，但是这些信息是否与基础资产的内在价值相关却无法先验地判断，而投资者在决策时对所谓“信息”进行评价的标准仍是主观的，因此，交易者主观认为与价值相关的信息从整个市场的角度来看却可能只是一系列“噪音”。

德隆、史莱佛、萨默斯和瓦尔德曼（Delong，Shleifer，Summers and Waldmann，1990）提出了噪音交易的基本模型（简称 DSSW 模型）。DSSW 假设投资者是风险厌恶型的，并采用萨缪尔森的两期代际模型将投资者的生命期限划分为两个阶段。为简单起见，假设第一期中没有消费，也没有馈赠，投资者所做的唯一决策就是在年轻时选择一个资产组合。经济体中有两种支付同样红利 r 的资产可供选择：一种为无风险资产，它具有完全弹性的供给，在任何时期每 1 单位无风险资产可能转换成（也可能源自于）1 单位的消费品，因而它的价格水平固定为 1；另一种为风险资产 u，它支付的红利也是 r，但它的供给不具有完全弹性，供给数量标准化为 1 单位。再假设在市场上有两类交易者：一类为噪音交易者（非理性交易者），用 n 表示，它们在市场参与者中所占比例用 u 度量；另一类是理性预期的套利交易者，用 a 表示，他们在市场中所占的份额则用 1－u 衡量。两类交易者各自判断 t＋1 时风险资产 $p_{t+1}$ 的分布。在年轻时根据预期效用最大化的原则选取相应的投资组合。在 t＋1 时，两类年老的交易者将其持有的无风险资产转换为消费品，同时以 $p_{t+1}$ 的价格将所持有的风险资产 U 转卖给下一代，并将他们所有的财富消费掉。年轻的套利者在 t 时以真实信息为基础，能准确地看到持有风险资产所带来的收益分布；而年轻的噪音交易者则以噪音或者是表面看似信息的伪信号为基础，对风险资产预期价格的错误估价满足一个独立同分布的正态随机变量 $p_t$。

$$p_t \sim N(\rho^*, \sigma_\rho^2) \tag{4.9}$$

其中，错误认识偏离的均值 $\rho^*$ 是对噪音交易者乐观情绪的平均度量，而 $\sigma_\rho^2$ 是噪音交易者对每单位风险资产预期收益错误估价的方差。

假设每个交易者的效用函数都是在其年老时具有的风险规避型的财富函数：

$$U = -e^{-2\gamma\omega} \tag{4.10}$$

其中，γ 表示绝对风险厌恶系数，ω 是在其年老时的财富。

定义 $\lambda_t^a$ 是套利者选择的风险资产的数量，$\lambda_t^n$ 是噪音交易者选择的风险资产的数量，在 t 期时，理性预期 u 在 t＋1 期的价格为 ${}_tp_{t+1}$，那么

$$\lambda_t^a = \frac{r + {}_tp_{t+1} - (1+r)p_t}{2\gamma({}_t\sigma_{p_{t+1}}^2)} \tag{4.11}$$

$$\lambda_t^n = \lambda_t^a + \frac{\rho_t}{2\gamma({}_t\sigma_{p_{t+1}}^2)} \tag{4.12}$$

为了计算出均衡价格，把持有风险资产要卖出的老年人与作为需求者的年轻人分别看做一个整体。从（4.11）式、（4.12）式可以推导出风险资产的均衡价格为

$$p_t = 1 + \frac{\mu(\rho_t - \rho^*)}{1+r} + \frac{\mu\rho^*}{r} - 2\gamma\frac{\mu^2\sigma_\rho^2}{r(1+r)^2} \tag{4.13}$$

(4.13) 式等号右边的最后三项表示的是噪音交易者对资产u以价格形成的影响。第二项表示由于噪音交易者认识偏差的波动引起的价格偏离。若同代人中噪音交易者看好后市的人占多数，资产价格将会上扬；反之，亦然。很明显，噪音交易者比例的大小与资产价格的波动幅度是成正比的。第三项代表噪音交易者认识偏差的平均值对资产价格有影响。如果噪音交易者普遍看多，这种价格压力效应将推动风险资产的价格高于它的基本价值[5]。

## 二、反应过度和反应不足与泡沫的形成

反应过度是指由于投资者对信息理解和反应上出现非理性偏差，使得价格对一直指向同一方向的信息变化有强烈的过头反应。如投资者对于一些信息过于重视，造成股价在利好消息下过度上涨或在利空消息下过度下跌，使得股价偏离其基本价值。反应不足是指由于投资者对信息理解和反应上出现非理性偏差，使得价格对信息变化反应迟钝[6]。

关于反应过度的统计验证，较早的研究者是希勒和莱洛伊(Shiller and Leroy，1981)。他们发现在投资者知晓并纠正价格以前，股价对一些信息或历史值反应过度。其后，法马和弗伦奇(Fama and French，1998)、波特巴和萨默斯（Poterba and Summers，1988）等人通过对股票收益横截面数据的分析，从多种市场研究中对这类证据进行了检验。

德·邦德和塞勒（De Bondt and Thaler，1987)、法马和弗伦奇（Fama and French，1998）从资产账面值与市值比率及兰

考尼肖科等人（Lakonishok et al.，1994）从市值与现金收入流量的比率来分析，所有证据都得出相同的结论：相对于资产和公司盈利价值被高估的各种股票，往往是那些在过去几年盈利高速增长的公司股票，在未来获得的风险调整收益反而相对较低。

与反应过度相对应，股市中还存在一种“反应不足”现象。贝纳德（Bernard，1992）、杰加地西和蒂特曼（Jegadeesh and Tilman，1993）等人对这类现象找到了统计证据。

反应过度和反应不足如何导致股价泡沫形成，可以运用巴博瑞斯、史莱佛和维塞尔（Barberis，Shlerifer and Vishny，1996）提出的模型（BSV）以及丹尼尔、赫舍弗和苏拉曼雅姆（Daniel，Hirsheifer and Suhramanyam，1998）构建的 DHS 模型来解释。

**1. BSV 模型**

该模型假定投资者在进行投资决策时存在两种偏差：其一是选择性偏差或相似性偏差，即投资者基于近期数据与某种模式（比如股票上升或下降通道）的相似性来预测，过分重视近期数据；其二是保守性偏差，即投资者不能及时地根据变化了的情况修正自己的预测。选择性偏差会造成投资者对新信息的反应过度，保守性偏差会造成投资者对新信息的反应不充分，导致反应不足。

假定时间 t 时的证券收益为 $N_t$，$N_t=N_{t-1}+y_t$，$y_t$ 是时间 t 内盈利的变化，有两种价值表现形式：$+y$ 或 $-y$。假定所有的盈利都以股利的形式发放。投资者确信 $y_t$ 的价值由经济状况决定的两个模型中的一个决定：模型 1 和模型 2。模型 1 和模型 2 都具有相同的结构，其他的都服从马尔可夫过程[7]，即 $y_t$ 的值取决于 $y_{t-1}$ 的值。这两个模型之间的基本差别在于转换概率不同，两个模型转换矩阵为：

| 模型 1： | $y_{t+1}=y$ | $y_{t+1}=-y$ |
| --- | --- | --- |
| $y_t=y$ | $\pi_L$ | $1-\pi_L$ |
| $y_t=-y$ | $1-\pi_L$ | $\pi_L$ |

| 模型 2： | $y_{t+1}=y$ | $y_{t+1}=-y$ |
| --- | --- | --- |
| $y_t=y$ | $\pi_H$ | $1-\pi_H$ |
| $y_t=-y$ | $1-\pi_H$ | $\pi_H$ |

投资者确信自己知道参数 $\pi_L$ 和 $\pi_H$，同样他也确信自己知道决定模型 1 和模型 2 之间相互切换的过程。这个过程同样也是一个马尔可夫过程，也就是说本期的状态依赖于上期的状态。转换矩阵如下：

| | $s_{t+1}=1$ | $s_{t+2}=2$ |
| --- | --- | --- |
| $s_t=1$ | $1-\lambda_1$ | $\lambda_1$ |
| $s_t=2$ | $\lambda_2$ | $1-\lambda_2$ |

由于投资者未用随机游走[8]模型预测收益，在上述假设条件下，得到股票价格如下：

$$p_t=\frac{N_t}{\delta}+y_t(p_1-p_2q_t) \tag{4.14}$$

这里的 $p_1$、$p_2$ 固定不变，其值由 $\pi_L$、$\pi_H$、$\lambda_1$ 和 $\lambda_2$ 来决定。(4.14) 式等号右边的第一项表示投资者运用随机游走过程来预测股票收益所得的价格，第二项 $y_t$ $(p_1-p_2q_t)$ 反映了股价对基本价值的偏离，即股价泡沫。当股价 $p_t$ 对基本价值反应过度时，$y_t$ $(p_1-p_2q_t)>0$，表现为正泡沫；若反应不足，$y_t$ $(p_1-p_2q_t)<0$，表现为负泡沫。在不同的条件下，正泡沫和负泡沫都有可能发生，因为股票市场上的反应过度和反应不足都可能存在。

**2. DHS 模型**

该模型把投资者划分为有信息的投资者和无信息的投资者两

类，后者不存在心理偏差，而有信息的投资者存在两种偏差，一是过度自信，二是归因偏差。投资者通常过高地估计了自身的预测能力，低估自己的预测误差；过分相信私人信息，低估公开信息的价值。在DHS模型中，过度自信使私人信号比先验信息具有更高的权重，引起反应过度。当包含噪音的公开信息到来时，价格的无效偏差得到部分矫正。当越来越多的公开信息到来后，反应过度的价格趋于反转。归因偏差是指当事件与投资者的行为一致时，投资者将其归结为自己的高能力；当事件与投资者的行为不一致时，投资者将其归结为外在噪音，归因偏差一方面导致了短期的惯性和长期的反转，另一方面助长了过度自信。

在投资者信心不发生改变的前提下，假设投资者分为知情交易者和非知情交易者。将知情交易者用I来表示，非知情交易者用U表示。假定知情交易者是风险中性的，而非知情交易者具有风险规避倾向。假定投资者都持有“一篮子”股票，以及一个无风险的货币单位（在时期结束时价值1单位）。假设存在四个时期。在时期0时，交易者具有相同的观念，出于转移风险的目的进行交易。在时期1，I接受到一个有干扰的关于股票价值的私人信号并与U进行交易。在时期2，一个干扰性的公开信息到达，更进一步的交易发生。在时期3，结论性的公开信息到达，所有股票都支付清偿股利，收入用于消费。过程中所有的变量都是独立且正态分布的。

股票产生一个最终价值$\theta$，并且该变量正态分布平均值为$\theta$，方差为$\sigma_\theta^2$。在模型中假定$\theta=0$。在上述假设前提下，DHS模型得到了在时期1过度自信的投资者在一个正向的或负向的私人信号之后引起的股票预期价格变化轨迹图（见图4.1）。其中，虚线代表带有归因偏差，实线代表无归因偏差。

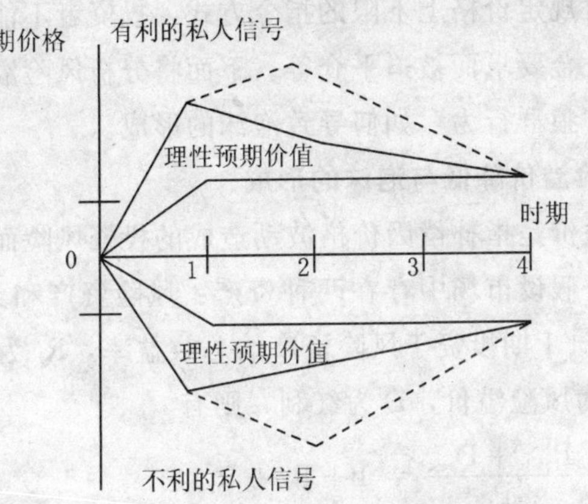


**图 4.1 信号对预期价格的影响**

资料来源：李心丹．行为金融学——理论与中国的证据［M］．上海：上海三联出版社，2003.185

从图 4.1 中可以看出：①过度自信会引起股价泡沫。过度自信导致价格在时期 1 开始偏离基本价值，并且过度自信导致的价格波动同样会引起对时期 2 的公开信息不重视。②在存在归因偏差的情况下，股价泡沫会加剧。③当结论性的公开信息到达后，由过度自信和归因偏差引致的股价泡沫最终会消失，即没有其他因素冲击的情况，股票价格最终向基本价值收敛。

## 三、正反馈交易与泡沫的形成

所谓正反馈交易，是指在前一期资产价格上涨或下跌的基础上采取继续买入或卖出的行为。而正反馈交易者是指那些在资产价格升高时买进、下跌时卖出的投资者。在金融市场中许多行为都可以被认为是正反馈交易，这可能来自于投资者风险溢价的变化，投资者对价格预期采用简单外推的做法，从众行为，卖出与买入股票对规定价格上下限的指令方式，投资者不能满足债权人的追加保证金要求而被迫平仓等。下面将分析风险溢价降低、外推预期及“狼群行为”如何导致泡沫的形成。

**1. 风险溢价降低与泡沫的形成**

风险溢价是指补偿因价格波动造成的投资风险而需要得到的预期收益。假设市场中存在两种资产：风险资产和无风险资产。记 $R_{t+1}$ 为 t+1 期投资于风险资产的总收益率，$R_f$ 为无风险资产利率，$R_r$ 为风险溢价，D 为红利，则有

$$R_{t+1} = \frac{P_{t+1} + D_{t+1}}{P_t} = 1 + R_f + R_r \tag{4.15}$$

当价格均衡时，$E(P_{t+1}) = E(P_t)$；再由于 $E(D_t) = D$，所以均衡价格为：

$$E(P_t) = \frac{D}{R_f + R_r} \tag{4.16}$$

实验观察发现，当投资者在某一时期得到投资收益时，风险偏好发生变化，由风险厌恶型转向风险中性型或由风险中性型转向风险追求型，相比原来同样的预期回报率，投资者愿意承担更大的风险予以获取，从而使得投资者风险溢价变小。当投资者的风险溢价变小时，根据（4.16）式，投资者预期的均衡价格会上涨，这样就会导致 t+1 期预期的资产价格 $E(P_{t+1})$ 上涨。当资产价格在 t+1 期上涨时，投资者进一步获得投资收益，会进一步降低风险溢价，这样就进一步推高到 t+2 期的价格……

总结上述过程，可以归纳为：当风险资产由于某种原因偏离原来初始的均衡价格，投资者因为获得投资收益而降低风险溢价，这样就进一步推高价格；价格的进一步提高使得投资者的风险溢价进一步下降，导致价格进一步上涨……如此循环往复，泡沫就产生了。泡沫具有自我推动、自我加速的效应；先前的投机获利刺激

了人们进一步投机的欲望，而且随着获利的增加投机欲望越来越膨胀，越来越缺乏必要的戒备心理，使得价格进一步上涨……在众多著名价格泡沫案例中，这种现象屡次得到验证。例如，在中国内地，当股市低迷、股指很低的时候，股票市场鲜有人问津；而到了股市已经上涨得很高时却不断有投资者入市或追加投资[9]。

**2. 外推预期与泡沫的形成**

许多综述性文献都强调了外推预期对正反馈交易的作用。凯斯和希勒（Case and Shiller，1988）发现，住宅房地产价格在过去上升迅速城市的购房者比维持不变或上涨缓慢城市的购买者对未来房价的预期要高一些。希勒（1988）在对1987年市场崩溃时的投资者的调查中发现，绝大部分在价格下跌时卖出股票的人预期股价还要进一步下跌，这是他们卖出股票的主要理由[10]。

对外推预期最为有趣的一个调查材料来自弗兰克和弗鲁特（1988）对20世纪80年代美元汇率预期所做的评估。20世纪80年代中期，当美国与其他国家利率差没有扩大而贸易赤字上升时，美元相对于其他国家货币的汇价却在节节攀升，两位学者就当时大量的对美元汇率的预测和推荐意见做了一个评估。他们发现这期间代表性的观点是：美元汇价会继续在未来的6个月内走高，而在1年内由于基本面因素会趋向下降。按照这一预测，大量预测机构的推荐意见是买进美元，尽管当时美元对于其基本价值已经高估。这种短期预期追逐潮流、长期看重基本面的操作观念很难与完全理性模型相一致。

面对不确定的决策时，投资者在实际生活中往往运用外推预期，而不是运用静态预期、适应性预期或理性预期来进行决策。外推预期的概念由梅兹勒（Metzler）提出，他认为，未来预期不仅应建立在经济变量的过去水平，而且还建立在它的变化方向的基础上[11]。这样，对于第 t+1 期变量的预期就可用下式表示：

$$p_{t+1}^{e} = p_t + \lambda(p_t - p_{t-1}) \tag{4.17}$$

其中，λ 表示外推预期系数，$p_t$ 表示第 t 期的实际市场出清价格，下标 t－1 和 t＋1 分别表示 t 的前 1 期和未来 1 期；$p_{t+1}^{e}$表示针对第 t＋1 期作出的预期价格。

从（4.17）式可以看出，当预期系数一定时，预期值只取决$p_{t+1}$过去的状况，当前的信息对其没有任何作用。假设 λ 值为正，$p_t > p_{t-1}$，那么会出现 $p_{t+1}^{e} > p_t$，$p_{t+2}^{e} > p_{t+1}$，…价格持续上涨而不管基本价值如何变化的现象，即泡沫不断膨胀。

**3. “狼群行为”与泡沫的形成**

(1) 从众行为与“狼群行为”。行为生态学认为，个体与个体之间构成了一个相互作用、相互影响的生态系统，个体行为容易受群体行为的感染，而保持与群体行为的一致性，即从众行为。从众行为在人类生活中比比皆是，为什么人类不是基于自己的偏好或判断做出自己的选择，而是经常受到其他人的行为的影响呢？社会心理学家认为，一是因为缺乏进行适当行为的知识，以多数人的行为作为参照导致的；二是因为担心偏离群体后会面临群体的强大压力乃至严厉制裁导致的；三是因为高凝聚力群体的成员，对自己所属的群体有相当强烈的认同感，与群体有密切的情感联系，有对群体作出贡献和履行义务的要求而导致的。

经济学家是如何理解投资者行为的从众现象呢？他们一般把投资者的从众行为称为“羊群行为”。所谓羊群行为，是指市场参与者对他人行为明显地模仿和跟从行为。笔者认为，用“羊群行为”描述投资者的从众行为不太贴切，用“狼群行为”描述较准确些。从生态学角度看，狼群捕食时，在头狼的带领下往往表现出行为的高度一致性；而羊群在捕食时不具备这种行为特征，只是在受到威胁时才出现行为一致——四处逃窜。投资者的牟利动机犹如狼的捕食动机。因此，从动机和行为特征来看，用“狼群行为”来描述投资者的从众行为更形象些。

“狼群行为”主要由两种原因引起[12]：一是信息不充分。在各种媒体与信息传播工具高度发达的今天，信息仍然是不充分的。由于大多数投资者没有足够的信息或者观测不到准确的信息，他们对未来的收益预期往往依赖于市场上其他人的收益预期，从而通过模仿其他人的行为而选择投资策略。二是基于声誉与报酬的考虑。这种现象在基金经理当中非常普遍。由于雇主不了解基金经理的能力，同时基金组织也不了解自己的投资能力，为了避免因投资失误而出现的声誉损失，基金经理有模仿其他基金组织投资行为的动机。采取模仿策略不仅关系到声誉问题，还关系到报酬问题。由于基金经理的相对表现与收入息息相关，如果基金经理是风险厌恶者，那么他们之间就有采取相互模仿的倾向。因为如果你采取与其他人不同的投资策略，但又对自己的策略是否比他人更好没有把握，那么实际上就是在冒险，即自己投资结果有可能优于其他人，也有可能比其他人差。这样自己的报酬同样有两种可能性，得到额外奖励或受到惩罚。对于风险厌恶者来说，他就会避免冒这个风险，而采取模仿策略。如果市场中有众多的基金经理，他们都采取相同的模仿策略，那么“狼群行为”就形成了。在现实的股票市场中，由于投资基金的力量越来越庞大，基金经理之间的“狼群行为”对股票市场的影响也越来越大。

(2)“狼群行为”与泡沫的形成。用基于信息的狼群行为来分析资产泡沫的形成（见图 4.2)。在信息不充分的条件下，由于投资者无法知道其他投资者观察到的信息，只能根据其他投资者的投资行为来推测他们观察到的信息，这时候非常容易产生“狼群行为”。假设投资者投资的资产是股票，股票的未来收益 V=－1。

现在看第一个投资者：第一个投资者获得好消息的概率是 1－P，同样他进行投资的概率也是 1－P；获得坏消息的概率是 P，同样他不投资的概率也是 P。

再看第二个投资者：第二个投资者的投资决策受到第一个投资者投资行为的影响。首先我们分析第一个投资者选择投资的情况。①如果第二个投资者投资观察到好消息，由于他看到第一个投资者已经进行了投资，那么他就会投资。这时候“狼群行为”就形成了，后面所有的投资者将模仿他俩的投资行为进行投资。而由于 V=－1，正确的选择是不投资，因而这意味着股市泡沫的产生。②如果第二个投资者观察到坏消息，由于他同时看到第一个投资者进行了投资，所以他得到两个相互矛盾的信息，他就会有一半的概率选择投资，另外一半概率选择不投资。当他选择投资时，“狼群行为”与股市泡沫同时形成。当他选择不投资时，对于第三个投资者而言，前面两个投资者的信息没有参考价值，新一轮循环开始。接着我们分析第一个投资者选择不投资的情况。①如果第二个投资者观察到坏消息，由于他看到第一个投资者已经选择了不投资，那么他就不会投资。这时候“狼群行为”就形成了，后面所有的投资者将模仿他们俩的决策行为而不进行投资。而由于 V=－1，正确的选择是不投资，因而这意味着股市泡沫没有产生。②如果第二个投资者观察到好消息，由于他同时看到第一个投资者没有进行投资，所以他得到两个相互矛盾的信息，他就会有一半的概率选择投资，另外一半概率选择不投资。当他选择不投资时，“狼群行为”形成，但没有股市泡沫。当他选择投资时，对于第三个投资者而言，前面两个投资者的信息没有参考价值，新一轮的循环开始。上述分析过程可以参考图 4.2。

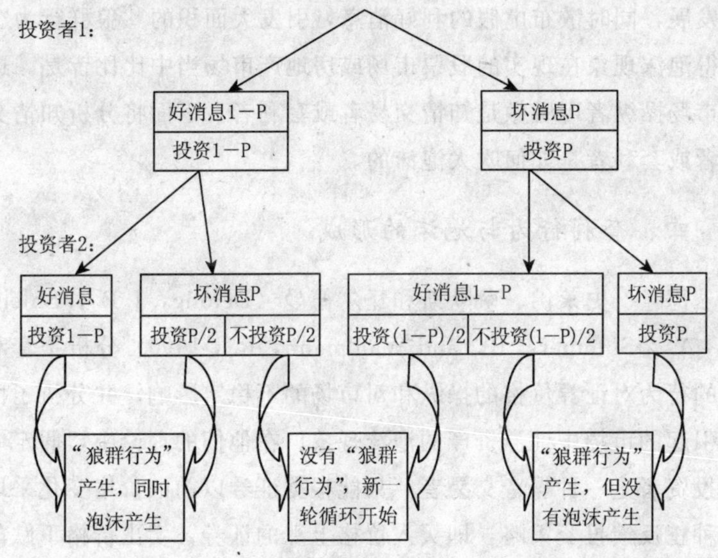


**图 4.2　基于信息的“狼群行为”与泡沫的形成**

资料来源：梁宇峰．股市泡沫问题研究［D］．复旦大学，2001.38

总结上面的分析，在信息不充分的情况下容易产生“狼群行为”，但“狼群行为”并不一定导致股市泡沫。然而“狼群行为”确实会导致股市泡沫的产生，由于投资者的从众和模仿行为，使得本来应该被抛弃的股票（V＝－1）成为所有投资者购买的对象。

当P的取值越大，即信息的准确度越高，产生泡沫的概率就越小。实际上这里揭示了一个原理：要有效地防止资产泡沫的产生，提高信息的质量（透明度与准确度）是非常重要的因素[13]。

上面从模型中验证了即使没有投资者人为操纵市场，由于投资者的“狼群行为”也会在资产市场中形成泡沫。其实，任何一次大的泡沫事件中都有大的机构或个人在幕后操纵市场[14]，他们利用资金、信息等方面的优势操纵市场价格朝有利于自己的方向发展，同时散布虚假的利好消息，引发大面积的“狼群行为”，使得泡沫现象在现实的股票市场或房地产市场当中比比皆是。这些市场操纵者可看做是知情交易者或套利者，下面将分析知情交易者或套利者是如何吹大泡沫的。

### 四、套利行为与泡沫的形成

德隆、史莱佛、萨默斯和瓦尔德曼（Delong，J. B.，Shleifer，A.，Summers，L. and Waldmann，R.，1990）分析了套利者的行为对证券价格的操纵和对市场的不稳定影响，并分析了由此引起的市场中证券资产的泡沫现象。在他们的理论中，假定中小投资者是一种噪音交易者，只能根据证券以前的价格变化采取一种正反馈投资策略，即买入价格上涨的证券，卖出价格下跌的证券。如果套利者能够预测到噪音交易者的投资策略的未来需求变化，就可以利用噪音交易者的行为获利。

已有大量文献讨论了正反馈交易和不稳定的套利行为。如乔治·索罗斯（George Soros，1987，1998）描述了他在过去30年中的成功并非得益于他以基本价值为基础进行的买卖，而是建立在对群体行为的未来预期上，同时还以REITs为实例展开了分析[15]。金德尔伯格（Kindleberger，1978）在描述价格投机时指出：“由于掌握内部信息的人把价格一步一步推高，使市场变得不稳定起来，他们在价格最高点卖给不知情的交易者，而不知情交易者在贵买贱卖中成为狂热情绪和投机交易的受害者。”[16]约翰·特雷恩（John Train，1987）在他撰写的美国成功投资者的传记中称其中一位主要人物的活动是“把郁金香的气打足”[17]。上述几位学者都指出了一个共同现象：套利者的交易触发了正反馈交易，反而使价格更加不稳。

德隆、史莱佛、萨默斯和瓦尔德曼（Delong，J. B.，Shleifer，A.，Summers，L. and Waldmann，R.，1990）构建了一个4时期模型（简称DSSW模型），将预测噪音交易者需求的套利者与正反馈交易策略采用者结合起来，解释了理性投机者的加入如何使市场价格变得更不稳定。模型假设，存在两种资产：现金和股票。现金供给弹性无穷大，没有任何净收益，股票的净供给为零。投资者有三种类型：正反馈投资者（用“f”表示），其规模为1；套利者（用“a”表示），人数规模为u；被动投资者（用“i”表示），其人数规模为1－u。DSSW模型分别描述了无噪音信号、有噪音信号条件下，股票价格的变化轨迹（如图4.3

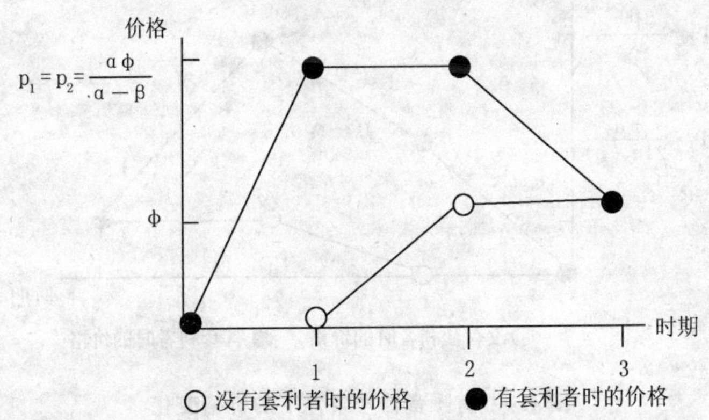


**图4.3　无噪音信号条件下的价格变化**

注：该图表现的是在有和没有套利者的情况下，在无噪音信号模型中，基本面受到冲击后价格变动的方式。套利者设想的冲击在第1期，被动型投资者设想的冲击在第2期，第1期价格对他们没有影响。α是所有非正反馈投资者需求曲线的斜率，β是正反馈投资者需求对过去价格变化的敏感度。

资料来源：［美］安德瑞·史莱佛．并非有效的市场——行为金融学导论［M］．北京：中国人民大学出版社，2003. 159

和图 4.4 所示）。从图 4.3 和图 4.4 中可以看出，市场中的套利者对正反馈投资者进行利用时，会加剧股票价格对价值的偏离程度，不仅没有消除泡沫，反而吹大了泡沫，尽管在更长的时间价格会回到基本值。由上述的模型分析中可以看出，套利者对于市场套利机会及正反馈投资者的正反馈投资策略的综合利用，可以通过将价格高于价值的证券出售给正反馈交易者以获得超额利润，这一过程本身就会引起证券价格过度波动。这一模型证明，当正反馈交易现象存在时，理性套利者会顺势搭车，结果使得市场价格变得更不稳定[18]。

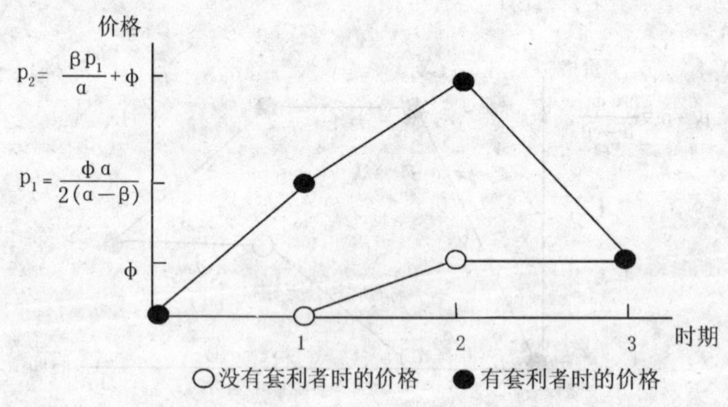


**图 4.4　有噪音信号条件下的价格变化**

注：该图表现的是在有和没有套利者的情况下，在有噪音信号模型中，基本面受到冲击后价格变动的情况。套利者第 1 期收到基本面受冲击的信号，被动投资者设想的冲击在第 2 期，第 1 期价格对他们没有影响。$\alpha$ 是所有非正反馈投资者需求曲线的斜率，$\beta$ 是正反馈投资者需求对过去价格变化的敏感度。

资料来源：［美］安德瑞・史莱佛．并非有效的市场——行为金融学导论［M］．北京：中国人民大学出版社，2003.162

本章从投资者理性与非理性的角度，讨论了泡沫形成的微观机理。现实生活中，理性泡沫难以存在，非理性泡沫比较常见，非理性泡沫的形成机制也许不只上述四种，投资者的其他非理性行为也会造成泡沫的产生，当然这有赖于对行为金融理论的进一步研究。

通过对泡沫形成的微观机制研究发现：无论投资者是理性行为还是非理性行为，在基本价值难以确定及内在供给刚性的资产上，泡沫随时都可能产生，只是有时表现为正泡沫，有时表现为负泡沫。

**注释：**

[1] Flood, R. and P. Garber. Market fund mental versus price－level bubbles: The first test. *Journal of Political Economy*, 1980 (88): 745～770

[2] 梁宇峰．股市泡沫问题研究［D］．复旦大学，2001.13

[3] 李心丹．行为金融学——理论与中国的证据［M］．上海：上海三联出版社，2003.195～196

[4] 梁宇峰．股市泡沫问题研究［D］．复旦大学，2001.24

[5] 李心丹．行为金融学——理论与中国的证据［M］．上海：上海三联出版社，2003.173～175

[6] Shiller, R.J. "Do stock prices move too much to be Justified by subsequent changes in dividends?" . *American Economic Review*, 1981 (71): 421～436

[7] 马尔可夫过程是指某一期的状态只受其前一期的影响这样一种过程

[8] 随机游走是指价格变化在顺序上互相独立，价格历史并不是未来价格方向的可靠线索

[9] 梁宇峰．股市泡沫问题研究［D］．复旦大学，2001.33

[10] ［美］安德瑞·史莱佛．并非有效的市场——行为金融学导论［M］．北京：中国人民大学出版社，2003.151

[11] 李腊生．不确定性决策与金融资产投资［M］．广州：广东人民出版社，2002.43

［12］李心丹．行为金融学——理论与中国的证据［M］．上海：上海三联出版社，2003.137～143

［13］梁宇峰．股市泡沫问题研究［D］．复旦大学，2001.39

［14］［美］安德瑞·史莱佛．并非有效的市场——行为金融学导论［M］．北京：中国人民大学出版社，2003.163～167

［15］［美］安德瑞·史莱佛．并非有效的市场——行为金融学导论［M］．北京：中国人民大学出版社，2003.152

［16］［美］安德瑞·史莱佛．并非有效的市场——行为金融学导论［M］．北京：中国人民大学出版社，2003.153

［17］［美］安德瑞·史莱佛．并非有效的市场——行为金融学导论［M］．北京：中国人民大学出版社，2003.153

［18］李心丹．行为金融学——理论与中国的证据［M］．上海：上海三联出版社，2003.204

# 第五章　经济泡沫膨胀的宏观环境

泡沫形成的微观机理表明，泡沫在任何资产上随时都可能发生。但是，泡沫的持续膨胀依赖于宏观环境。本章将研究一国范围内资产泡沫在什么样的宏观环境下容易持续膨胀。

## 第一节　经济繁荣与泡沫膨胀

经济周期是发生在市场经济国家的一种宏观经济波动，它分为危机（衰退）、萧条、复苏和繁荣四个阶段。经济繁荣阶段，这时经济活动处于高水平时期，就业增加，产量扩大，社会总产出逐渐达到最高水平，资产价值也随之上升。就业↑→消费↑→产品价格↑→企业盈利↑→股票价值↑；企业盈利↑→投资↑→土地和房产价值↑；就业↑→消费↑→房产价值↑。由于消费需求增加，致使股票、房地产的内在价值上升，内在价值的上升吸引投资者进一步购买，使得投资者队伍不断壮大，而新增投资者的不断加入，为泡沫的持续膨胀提供了基础。因此，经济繁荣阶段有助于泡沫的膨胀。历史上著名的资产价格泡沫事件，如荷兰的郁金香泡沫、英国的南海泡沫、法国的密西西比泡沫、20世纪20年代美国佛罗里达地产热和股市泡沫等，都产生于经济繁荣阶段。经济周期的其他三个阶段无法使泡沫膨胀，关键在于投资者信心不强和预期悲观。

宏观经济周期的波动，资产价值也会周期波动。作为一个理性投资者，如果认识到宏观经济周期波动带动资产价值周期波动，必然会在经济繁荣阶段减少投资或者观望，资产价格上涨速度相应会减缓。为什么现实中资产泡沫会持续相当一段时间呢？问题在于大多数投资者并不理性，他们在经济繁荣阶段对未来持乐观态度，过分相信经济周期的繁荣期会延长，或者不断改善的经济政策能够熨平经济周期，带有明显的新经济情结。所谓新经济情结，就是民众普遍认为一个新的时代或新的发展时期即将到来，对未来充满希望[1]。新经济情结反映到股票市场和房地产市场中，就是投资者充满乐观的情绪，推动股价和房地产价格节节攀升，促使泡沫膨胀。新经济情结的形成往往是由以下原因造成：一是在新旧世纪交替之时，民众普遍认为人类将进入一个新世纪，在新世纪中人类将取得前无古人的辉煌成就；二是科学技术特别是应用技术取得划时代的进展，如电的发明、汽车的出现、互联网的出现等；三是取得重大的军事或政治胜利。以下是一些新经济情结导致股市泡沫膨胀的实例（当然，这些泡沫事件并非仅仅是由于新经济情结所引起，但其作用是不可忽视的）：

（1）1901年的新经济情结。当人类历史进入20世纪的时候，人们发现科学技术正在取得前所未有的进步，人们的日常生活方式随之发生了巨大变化。在1900年前后，人们热烈地谈论着即将到来的伟大变革："火车将以150英里的时速飞驰……出版商只要按一下按钮，机器就会自动印刷出报纸……留声机会顶替售货员在商店里卖东西，而机械手能够自动找零……”（摘自《波士顿邮报》1901 年 1 月 1 日）当 1901 年人类首次实现声波的跨大西洋传送时，人们又开始讨论在不久的将来人类可以与火星进行声波传接。

伴随着人们对科学技术进步的无限遐想，股市也同样取得激动人心的表现，市场中充满着投机的气氛。到 1901 年 6 月，当时的股市市盈率达到 1881 年以来的最高点。当威尔逊总统在泛太平洋展览中遇刺身亡之后，接任的罗斯福总统很快就出台了反托拉斯法案，结束了 20 世纪初的经济繁荣景象。

（2）20 世纪 20 年代的新经济情结。20 世纪 20 年代是一段经济快速增长的时期，而且是许多重要发明的快速扩散期，科技成果不仅为少数富有家庭所享用，而且日益造福普通百姓。例如，在这段时期里，汽车越来越普及，1914 年全美国共有 170 万辆汽车，到了 1920 年增加到 810 万辆，到了 1929 年已经上升到 2310 万辆。再如，电气化趋势在 20 年代势不可当，不但在大城市可以用上电，而且在许多偏远的乡村也开始用上电。到了 1929 年，已经有超过 2000 万的美国家庭用上电，其中又有一半以上家庭用上了真空吸尘器，1/3 以上家庭用上了洗衣机。再如，1920 年时美国还只有 3 家广播电台，而到了 1929 年，电台的数量超过 500 家。

所有这些科技进步和扩散对人们的日常生活产生了巨大的影响，许多人坚定不移地相信人类新纪元已经开始。耶鲁大学经济学家费雪（Irving Fisher）1929 年秋季宣称，“股价已经升达一个永远高耸的平原水平”。因为他相信美国已经进入一个永无止境的经济繁荣的新纪元[2]。在鼓吹新纪元理论方面，费雪并非踽踽独行。创办穆迪投资服务公司的穆迪（John Moody）1927 年宣称："如果不了解美国身处一个新纪元的现状，就无法一窥过去6年美国的商业及金融全貌。"同年4月，《巴隆商业周刊》(Barron's)预见未来将是"一个没有经济萧条的新纪元"。华尔街金融大师巴鲁克（Bernard Baruch）稍后虽然痛批所谓的"新经济"，但他在1929年也曾指出，和平的展望、自由贸易、更翔实的统计资料、更了解经济学的商人、各国中央银行主事者的联手合作等因素，为美国创造了一场"工业复兴"。甚至胡佛1928年夏季在接受党内提名的总统候选人的演说中也宣称，贫穷即将消失。他的整篇演说都受到"新纪元"形势一片大好的影响[3]。类似的评论在当时的媒体中不绝于耳。但是不久，20年代宏观经济政策的失误造成了大萧条这一人类历史上的最大灾难。

这次新经济情结的结果是惨痛的，美国股市在1929年9月达到顶点，然后出现了大崩盘，到1933年7月累计下跌幅度超过80%。

(3) 20世纪90年代的新经济情结。20世纪90年代以来，美国大力发展以信息产业、基因技术为代表的高新技术产业，美国经济取得了令人瞩目的发展。从1991年4月起，美国经济连续增长，年度GDP（国民生产总值）增长率达到3%～4%，经济增长持续时间之长史无前例。更为难能可贵的是，在经济持续增长的背景下，通货膨胀率一直保持在较低水平，而失业率也长期低于传统经济理论认为的自然失业率水平。许多研究美国经济的学者将这种奇迹归功于科技进步和科技应用，特别是电脑技术和互联网技术的进步和应用。互联网的发展就像报纸、电视的出现一样，对人们的工作、生活、娱乐甚至感情生活等都产生了深刻的影响，而基因技术、克隆技术的突破使人类开始解破生命的奥秘。

在这样的背景下，人们又开始欢呼新经济的到来。有人认为美国经济将开始走向无通货膨胀时代，有人认为传统的经济理论已经失效，有人认为经济周期现象将一去不复返。其中，最为引人注目的是互联网企业的大发展。冠以新经济代名词的雅虎、亚马逊等一大批网络公司成为股市的新贵，NASDAQ 也一跃超过纽约股票交易所成为美国最大的股票交易市场。美国股市持续上涨，尤其是 NASDAQ 市场更是牛气冲天。尽管美联储主席格林斯潘自 1996 年底开始给美国人泼冷水，一再告诫人们经济过热所引发的后果，并采取了一系列加息等措施，但美国经济丝毫没有放慢的迹象。事实证明，泡沫终究要破灭，2000 年互联网泡沫的破灭对于许多投资者都是惨痛的，互联网泡沫的破灭使美国新经济于 2001 年第二季度陷入衰退的境地。

正是由于投资者的非理性，在经济繁荣时期他们充满着狂热，演绎着泡沫的膨胀。正如亚当·斯密在《道德情操论》所言：看一看历史的记录，收集发生于你周围的经历，凝神思考所有发生的不幸事件，无论是私人生活还是公共生活，思考你所读到、听到或记忆的个人，你会发现，至今所发生的不幸大部分是因这些人不知道何时是幸运，不知道何时该静坐不动、该满足。

## 第二节 货币政策与泡沫膨胀

有关货币政策与股市、房地产泡沫的关系，一直是经济学家研究的焦点问题之一。从历史上看，由于货币政策过度宽松造成股票、房地产市场泡沫急剧膨胀的实例屡见不鲜，其中最著名的当属20世纪80年代末日本的股市泡沫、房地产泡沫。这里着眼于研究宽松的货币政策如何造成泡沫膨胀及泡沫膨胀时货币政策的两难处境。

## 一、宽松的货币政策对资产价格的影响

为什么宽松的货币政策环境有利于泡沫的膨胀？这需要我们分析货币政策影响资产价格的渠道。这些渠道可以归纳为以下三点：

### 1. 货币政策影响投资者的期望收益率

投资者的期望收益率等于无风险利率与投资者风险溢价之和，即期望收益率＝无风险利率＋风险溢价。

货币政策影响资产价格最直接的原因是影响投资者的期望收益率。货币政策影响无风险利率（可以用国债利率来近似表示）。当货币当局采取扩张性的货币政策，增加了货币供给量，无疑会导致无风险利率的降低。无风险利率的下降，使得投资者的期望收益率下降，导致股票价格和地产价格出现上涨。如果说此时资产价格的上涨仅仅是反映其基础价值的变化的话，那么货币政策导致的投资者风险溢价的变化有可能促使资产泡沫的膨胀。根据前面的分析，当资产价格出现上涨、投资者取得投资收益时，投资者会降低对风险的厌恶程度，变得更加偏好风险，导致投资者风险溢价的下降，这又进一步降低了投资者的期望收益率，促使资产价格的进一步上涨……如此循环往复。在这自我加速的过程中，部分的价格上涨就不能依靠基础价值的变化来解释。

### 2. 货币政策影响股息及地租

决定股票基础的另一个重要因素是预期的未来的股息流。当货币当局采取扩张性的货币政策，会降低利率，刺激投资与消

费，提高上市公司的盈利能力和分派的红利及地租，会使得股票和地产的基础价值提高、价格上涨。

从直观上，这样的上涨仅仅是因为基础价值的变化所导致，不应该纳入泡沫的范畴。但根据前面的分析，投资者往往缺乏足够的远见，他们往往把当前的状况错误地、理所当然地看成是未来的状况。例如，当货币当局在较长时间内采取了比较宽松的货币政策，国民经济一直保持较高速度增长，同时通货膨胀压力又比较小，投资者就往往会把当前上市公司的高盈利和土地的高地租、高增长状况当成是永久性的（如投资者认为经济增长模式发生了根本性的转变），忽视了经济周期必然存在的规律。这时候就会出现预期偏差，导致泡沫的膨胀。

从以上分析可以看到，货币政策在一定程度上确实影响股票和地产的基础价值，但由于投资者的非理性行为，导致投资者风险偏好的转变或错误预期，在一定程度上助长了泡沫的膨胀。因此，关于货币政策与资产泡沫的关系不能简单地画一个等号：宽松的货币政策造成的资产价格上涨既可能源自基础价值的变化，也有可能源自泡沫的形成，更有可能是两者共同作用的结果。但有一点可以肯定的是，宽松的货币政策相对于紧缩的货币政策更加易于资产泡沫的膨胀。

**3. 货币政策影响股票和房地产市场的供求状况**

当货币当局放松银根、增加货币供应量的时候，一方面居民储蓄存款会减少，用手中的货币替换成股票、房地产等资产，出现资产替代效应；另一方面，降低投资者的融资成本。在这两种情况下，对股票和房地产市场的资金供给大量增加，推动价格上涨，有利于维持资产泡沫的持续膨胀。

在经济不景气时，宽松的货币政策未必能推动资产价格上涨。例如，日本泡沫经济破灭后，货币当局采取了超低利率政策，并没有扭转股票和房地产市场的颓势。在经济繁荣阶段，宽松的货币政策对正处于价格上升阶段的股票和房地产市场无疑是火上浇油，导致泡沫进一步膨胀。

为解释货币政策与股价、房价变化的关系，国内学者徐滇庆等（2000）、梁宇峰（2001）、谢经荣（2002）等进行了实证检验。徐滇庆等（2000）利用中国台湾1981～1990年的统计资料作实证分析，实证结果为：假如其他条件不变，当货币供给每增加1％时，股价将上升1.7577％；房价上涨0.897％[4]。梁宇峰（2001）为验证货币政策与股票价格的关系，选取全球范围内16个国家作为样本，它们是：奥地利、比利时、加拿大、芬兰、法国、德国、爱尔兰、意大利、日本、荷兰、新西兰、南非、瑞典、瑞士、英国和美国，研究的时间跨度为1956～1995年，研究频率是以月度为单位。他首先检验一国股市收益率与该国货币政策显著的相关性，而后又检验一国股市收益率与美国货币政策的相关性，结论为：对于大多数国家而言，美国的货币政策对股市收益率有着显著的影响，对有些国家而言，美国的货币政策比本国的货币政策对股市的影响更为显著[5]。谢经荣等（2002）根据中国1987～1999年房价与货币供给的年度数据建立回归模型，得出货币供给增加1％，房价上涨0.625％的结论[6]。

## 二、调整货币政策面临的困境

既然宽松的货币政策有利于泡沫的形成和膨胀，为什么货币当局不调整货币政策制止或刺破正在膨胀的泡沫呢？原因是货币当局在运用货币政策时面临着种种困境。

### 1. 货币政策中间目标选择上陷入困境

由于金融创新的快速发展，导致虚拟资本的迅速扩张，而虚拟资本的迅速扩张对货币传递机制的主体和传递链产生了深刻的变化[7]。

首先，虚拟资本增加了货币传递机制的主体。虚拟资本规模不太大时，以商业银行为主体的存款货币银行和非金融企业是货币政策的传递主体，但随着虚拟资本的扩张和金融深化使货币政策传递主体格局发生了变化：①面向企业的信贷市场逐渐收缩，而面向个人的消费信贷市场不断扩大，从而使得居民成为信贷市场的重要主体。②随着对银行业的放松管制和市场化程度的推动，虚拟资本市场上机构投资者（如证券公司、保险公司、基金等）的规模和数量得到迅速发展，造成货币政策传递主体的多元化格局日益明显。③随着金融全球化的进一步发展，越来越多的外资金融机构和投资者介入国内金融市场从事存贷款业务和证券投资业务，并成为国内金融市场的重要资金需求者和货币政策传递的一个重要主体。

其次，虚拟资本的扩张和虚拟化程度的提高导致货币政策传递链日益复杂，这主要体现在：①传递环节增多，由于货币供应对股票的影响，从而影响了 q，并通过企业净值、逆向选择、道德风险进而影响到银行贷款和多倍存款创造，最后又波及货币供应的直接效果。此外，股票价格又会造成金融资产价值的同向变动，消费者财务困境可能性的逆向变化，从而影响耐用消费品和房地产行业的扩张或收缩，传递环节较虚拟资本不发达情况下明显繁杂，并出现许多正反馈和负反馈的环状环节。②传递链中各经济变量之间的互动关系更加复杂，经济主体对货币政策的反应在强度和方向上的不确定性加大，从而改变了预期的形成，使得货币当局更难准确地预测微观经济主体对货币政策可能作出的反应。

再次，国际因素日益成为货币政策运用的主要因素。布雷顿森林体系崩溃以前，各国对国内的货币量控制是相当有效的，来自外部的货币冲击相对较小。但在货币彻底虚拟化以后，由于浮动汇率造成了投机的土壤，很快滋生出庞大的国际投机资本，而且一些国际性的大银行禁不住诱惑也经常参与国际货币投机，加上国际货币协调的低效率，从而造成对虚拟资本的失控。虚拟资本的过度膨胀进一步削弱了各国中央银行对货币的控制能力。

虚拟资本的快速扩张不仅使得对货币的定义和计量十分困难，而且极大地改变了传统货币传递机制的效率、方式和功能，造成货币传递机制的中间目标与经济活动之间的稳定关系破裂，操作目标失灵，以致世界上许多国家在货币政策中间目标的选择上疲于奔命。例如，20 世纪五六十年代，西方主要国家一直把利率作为货币政策的中间目标。美国在 50 年代以 3 个月期限的国库券为中间目标；60 年代以联邦基金利率作为中间目标；70 年代名义上使用的是货币总量和联邦基金利率两个目标，只是将货币总量增长率的目标区间定得相当宽，而联邦基金利率规定的区间却很窄；1979～1987 年，终于不再强调把联邦基金利率作为操作目标，并把它的目标区间放宽了 5 倍多，基本的操作目标变成了 $M_1$，然后是 1987 年的 $M_2$，又到现在的联邦基金利率。

假设货币政策的传递机制是有效的，通过中间目标的操作可以达到物价的稳定，那么能否将股价纳入货币政策目标呢？这同样面临困境。

**2. 将股价纳入货币政策目标面临的困境**

近年来，许多国家央行都把稳定股票市场作为其重要的目标之一。可是，如果股票价格作为选择货币政策规则的参数之一，就必须能够科学合理地评估股票的真实价格，并将股票价格变动中基本因素支持的程度和投机泡沫精确地区分开来，同时准确地预测前者对实质资本的影响程度以及实质经济的发展对泡沫能够吸纳的程度。

由于投资者的心理预期对股票价格变化的决定性作用及其随机游走的特征，使得很难准确地确定股票的市场定价在多大程度上反映了股票的基本价值。而且对股市泡沫的计量问题也无准确的工具，目前一种是用资产价格的基本计算公式来估计泡沫的严重程度，判断是否出现了经济泡沫，资产价格的理论值（基础价格）等于资产未来的金融性收益和长期利率加风险升水之比，其中泡沫程度等于实际资产价格高出基本理论价格之值；另一种是用价格/收益比来度量股票的内在价值与泡沫的程度。由于有许多因素影响着投资者，从而也影响对股票价格的正确评估，因此，无论用哪种方法计算都不可能得出股票内在价值之解，而且对于股票未来收益的预期如何合理地转化为股票的当前价格，则是一个更为复杂的问题，即使运用最复杂的分析工具也很难分析不同投资者在时间偏好、风险规避、从众心理和不确定性因素之间的互动关系，以及这些互动关系对蕴涵在股票价格中的风险溢价的影响[8]。

可见，将股价纳入货币政策目标也面临困境。假设央行能识别到股票市场和房地产市场上的泡沫大小，能不能采取有效措施轻易地将泡沫挑破呢？答案是难度很大。

**3. 具体操作上面临困境**

即使央行要采取措施挑破泡沫，在具体操作上面临三个困境：①央行要挑破泡沫没有切实可行的手段。当它们要挑破泡沫时，一般运用的手段是提高利率，而利率的提高也影响整个经济系统。由于利率与资产价格的联系程度是不确定的，央行不知道将利率提高到何种水平才可以消除泡沫。况且经验表明：利率微调对消除泡沫无济于事，而大幅提高又会带来严重后果。②货币政策独立性受到牵制。即使一国央行打算提高利率，可能面临来自于国际协调的压力。如日本 20 世纪 80 年代末期没有提高利率，部分原因是来自国际社会的压力。③央行挑破泡沫有政治阻力。民众不愿看到商品和服务价格上涨，却乐于接受股票等虚拟资本价格的上升这样一个尴尬事实。如果央行提高利率来打压价格，拥有股票的家庭的财富将大大缩水，如果持有股票的家庭所占的比例较高，那么民众的反对呼声将迫使政府阻止央行采取行动。

也许正是由于货币政策运用上面临种种困境，泡沫的出现及膨胀才在所难免。

## 第三节　经济制度与泡沫膨胀

回顾历史上著名的价格泡沫事件，在每一次事件中都有银行资金甚至外资的参与，正是在银行资金或外资的极力参与下，泡沫才持续膨胀。之所以有大量银行资金或外资的介入，是金融监管不力和金融自由化。

### 一、金融监管不力与泡沫膨胀

金融监管不力主要是指监管者对金融机构经营的日常监管不严格。日常监管不严格包括两个方面的含义：一是对已有的监管条例、法规的执行不严格；二是金融监管没有顺应金融自由化改革的形势变化，在法规制定上和更新监管手段上滞后。在委托—代理条件下，金融监管不力使得道德风险容易产生。

道德风险是信息经济学的一个重要模型，它是研究事后非对称信息的模式。委托人与代理人签约时信息是对称的，签约后委托人无法观测代理人的行动或得不到代理人的有关信息，代理人有可能从自身利益出发损害委托人利益的风险，称为道德风险。

在关系型融资体制下，中央银行与商业银行之间容易出现道德风险。中央银行被认为是“国家的银行”，普遍存在着中央银行乃至政府是商业银行债务最终承担者的预期，商业银行吸收存款和发放贷款不像没有中央银行担保情况下那样精心核算利息成本，认真考察贷款可回收性，储户有鉴于中央银行的“金边信誉”，也放心大胆地存款。这样的一个制度安排，对债务人具有明显的风险激励效应，当中央银行监管不力的情况下，商业银行和借款人就会忽视偿债风险的存在，尽可能地利用中央银行担保这一制度资源，大规模扩大其投资或信贷，力图从高风险行业中赚取高额回报，于是巨额的资金被投入到高风险、高收益的股票市场、房地产市场，推动了股价与房价的飞涨。这种道德风险的存在，使资产泡沫持续膨胀，国家乃至中央银行以隐性担保的形式承担了与其收益不对称的风险。1998 年东南亚国家泡沫经济破灭后，各国商业银行不良贷款的存在就是道德风险存在的有力证据[9]。

当金融监管不力时，存款保险制度也产生道德风险。存款保险制度是美国于 1934 年首创，它替代中央银行为存款人提供保护，维护了市场信心，此后不少国家纷纷建立了自己的存款保险机构。存款保险制度要求经办存款的机构根据存款额的大小按一定的保费率交纳保险费给某一保险机构，当投保存款机构不能支付存款时，该保险机构在一定的限度内代为支付，如果保险机构对存款机构监管不力，同样会出现道德风险。例如，20 世纪 80 年代美国储蓄贷款协会申请联邦储蓄贷款保险公司承担风险，为追求高收益，除了住宅贷款外，还向商用不动产的开发商积极融通资金，其中有不少是几乎达不到抵押标准的高风险贷款，直到 1988 年倒闭件数为 205 件，倒闭率达 6.95%。这一倒闭率已超过大萧条时期的 1930 年的银行倒闭率（5.7%）[10]。

正如麦金农（Mc Kinnon）和皮尔（Pill）所强调的那样："在一个充满了过度担保和缺乏有效管理的金融中介的经济中，道德风险铺平了通向过度投资的道路。"而道德风险导致的过度投资往往使资产泡沫加剧。

## 二、金融自由化与泡沫膨胀

在过去的几十年中，特别是浮动汇率制度确定后的近 30 年间，不仅发达国家普遍采取金融自由化政策，如美国在 20 世纪 80 年代的利率自由化（取消 Q 条款）、业务自由化（打破银行业与证券业的业务界限），而且东南亚、拉美、东欧等地区的发展中国家或地区也逐步实施金融自由化[11]。金融自由化主要集中在利率的自由化、业务经营自由化、市场准入自由化和资本流通自由化四个方面。随着全球金融自由化的进一步推进，金融自由化日益成为影响资产泡沫膨胀的一个新要素。

### 1. 实际利率上升与资产泡沫膨胀

市场准入自由化使国内银行同国外银行的竞争加剧，业务经营自由化导致国内商业银行之间竞争加剧，而存款利率上限的取消，诱使存款利率上升成为各商业银行加强竞争的一个主要手段，于是存款利率的水准比以前提高了，相应地，贷款利率必然提高，结果是出现了逆向选择。较低预期收益和风险的部门被排挤出信贷市场，而较高预期收益和风险的部门能够融到高利率的贷款。结果是大量信贷资金不断从利润空间有限的部门转移到风险较高的房地产和股票等非生产部门。例如，1983 年 6 月 1 日，印度尼西亚政府在新颁布的《银行管理条例》中放弃了中央银行对信贷市场存贷款利率的硬性规定。此举促使实际利率持续攀升，据统计，从 20 世纪 80 年代后期开始，印度尼西亚的实际利率一直在 20%以上，其中 1992 年曾升至 24.03%，出现了金融机构对房地产业的贷款在贷款总额中所占比重高达 25%的现象。在东南亚国家发生金融危机以前，其他国家也有大量的银行贷款流向房地产和股市，造成地产和股票泡沫，反过来，又以严重高估的房地产或股票作抵押从银行贷款，推动泡沫膨胀[12]。

**2. 国际资本流动与泡沫膨胀**

资本在国际间的流动也是一把“双刃剑”。一方面，它可以为资源在全球范围内的合理配置提供渠道；另一方面，它可能促进国际游资进入国出现资产泡沫。

自 20 世纪 70 年代以来，随着技术进步、金融工具创新以及金融管制的放松，金融市场出现了国际化趋势。这种趋势的发展使得各国的金融市场和国际金融市场紧密地联系在一起。从一定意义上来说，它们形成了一个整体的、全球一体化的、24 小时不间断运转的金融市场。这个金融市场为各国从国民储蓄中分离出来的投资和投机资本在国际间的流动提供了渠道。

截至 2005 年年底，私人资本的流动已占全球资本流动的 1/3。一方面，巨额资金从以美国为代表的发达经济体流入以中国为代表的新兴市场。自 1998 年以来流入全球新兴市场的私人资本不断膨胀，2004 年为 2320 亿美元。另一方面，新兴市场经济体向其他主要国家尤其是美国输出资本。2004 年流入美国股票类和股债平衡类基金资金高达 3300 亿美元。

国际私人资本大多是以机构投资者的身份出现的，其中对冲基金又是最强悍的主力。据《对冲基金情报》2006 年公布的调查显示，全球对冲基金总资产已经超过 1.5 万亿美元[13]。国际私人资本凭借其流量日益增大、流速不断加快、流向切换迅速，在推动泡沫产生与膨胀的过程中越来越成为主要力量。

资本在国际间运动无非是为了寻找盈利机会，一旦由于盈利预期导致某国某种资产或几种资产价格上升，就会带来大量的国际投机资本流入，推动价格飙升，形成投机性价格泡沫。东南亚金融危机爆发前，在这些国家资产价格泡沫形成的过程中，国际投机资本曾起着推波助澜的作用。

## 第四节　技术进步与泡沫膨胀

信息技术的进步加速了各种经济、金融消息在世界范围内的传播，使得人们足不出户就可以了解全世界主要国家和市场的众多信息；信息技术应用于资金划拨系统，使得我们在弹指之间就能够把巨额资金从一个金融市场调拨到另一个金融市场，或从一个国家调拨到另一个国家，从而极大地加快了资金在世界范围内的调拨速度。

从理论上来说，信息的迅速广泛传播和调拨资金的速度加快，有利于全球资金在世界范围内的有效配置。比如，一旦某个国家的经济效率提高，就会增加对投资资金的需求。此时若当地资金不足就会促成利率上升，这个消息通过信息渠道广泛传播以后，就会吸引国际投资和投机资金大量流入，为该国的经济发展提供资金支持，进而带动更多的资源配置到这个经济效率较高的国家中来，并最终提高全球经济的效率。

但是，上述信息传播带动资金流动的过程仅仅是一种理想情况。事实上，信息有时不仅能够传播真实的经济信号，有利于资源配置效率的提高，有时也会误导市场，甚至传播错误的经济信号，导致资源配置扭曲。比如，由于某国的经济政策或者是经济周期的使然，使得经济发展前景变好，出现投资回升，促成某种资产价格回升。这一信息被广泛传播以后，就会吸引大量投资和投机资金，资金的涌入促使资产价格上升加速。而这种加速的资产价格上升则会导致人们进一步形成价格上升的预期，吸引更多的国际游资。依此类推，形成资产价格的正反馈过程，最终导致资产价格严重脱离经济基础条件形成投机性价格泡沫。在这里，信息的广泛传播和资金的快速划拨促成了大量国际游资的快速流入。在开始阶段，信息对于提高资源配置的效率是有利的。然而，随着资金的涌入，投机资金的比重变得越来越大，随之而来的价格上升过程使得市场形成了偏离经济基础条件的预期，导致了虚假繁荣现象，形成了资产价格泡沫，使资产价格偏离经济基础条件，结果反而降低了资源配置效率。由此可见，信息迅速、广泛的传播和交易手段的便利是一把“双刃剑”。如果市场因此而出现投资狂热，就可能会成为促成投机性资产泡沫膨胀的因素。

在本章，作者仅从经济、技术角度研究资产泡沫在宏观环境下的形成与膨胀。由于泡沫的形成与膨胀是一个非常复杂的社会过程，还涉及政治、文化、人口结构等因素，这些将留待以后进一步研究。

**注释：**

[1] 梁宇峰．股市泡沫问题研究［D］．复旦大学，2001.63

[2]［英］爱德华·钱思乐．投机狂潮［M］．成都：西南财经大学出版社，2000.159

[3]［英］爱德华·钱思乐．投机狂潮［M］．成都：西南财经大学出版社，2000.161～162

[4] 徐滇庆等．泡沫经济与金融危机［M］．北京：中国人民大学出版社，2000.116

[5] 梁宇峰．股市泡沫问题研究［D］．复旦大学，2001.42～46

[6] 谢经荣等．地产泡沫与金融危机［M］．北京：经济管理出版社，2002.289

[7] 李大勇，贺京同．虚拟资本的扩张与货币政策的困境［J］．南开经济研究，2002 (1)：56～57

[8] 李大勇，贺京同．虚拟资本的扩张与货币政策的困境［J］．南开经济研究，2002 (1)：58

[9] 陈学彬等．当代金融危机的形成、扩散与防范机制研究［M］．上海：上海财经大学出版社，2001.139～140

[10]［日］宫崎义一．泡沫经济的经济萧条——复合萧条论［M］．北京：中国人民大学出版社，2000.16

[11] 谢经荣等．地产泡沫与金融危机［M］．北京：经济管理出版社，2002.14

[12] 陈学彬等．当代金融危机的形成、扩散与防范机制研究［M］．上海，上海财经大学出版社，2001.129～130

[13] 李方．全球经济失衡下的金融泡沫经济［J］．国际金融研究，2007 (4)：67

# 第六章 泡沫经济的形成与破灭

## 第一节 泡沫经济的形成机制

经济泡沫的持续膨胀本是一种微观经济现象，可它通过刺激消费需求和投资需求，拉动社会有效需求，进而影响宏观经济总量，如国民收入的增加形成虚拟的经济繁荣景象，这种虚假繁荣景象的经济便是泡沫经济。下面将分析经济泡沫如何演变成泡沫经济。

### 一、经济泡沫对消费的影响

从宏观角度看，经济泡沫具有财富效应。这里所指的财富效应是指在其他条件不变的情况下，资产拥有者名义财富的增加引起总消费开支的增加。由于股票和房地产一般是由众多的个人拥有，如果股票价格和房地产价格暴涨，这些拥有者的资产（财富）评估额就会大幅度提高。由于资产评估额逐渐上涨，泡沫越吹越大，家庭、企业支出增加，大大刺激了社会实际消费需求。在不同的国家，这种财富效应影响程度不一。在发达国家，财富效应较为明显。有资料表明，1998 年美国拥有股票的家庭占家庭总数的 40%以上，美联储在 1998 年 4 月的一项调查表明，居民的股市财富上升 1 美元，就会增加消费 3～7 美分（黄建，2000）。根据美国标准普尔公司的经济学家分析，在过去不到 10 年的时间里，因为股票价格的飙升，美国家庭的财产增加了 15 万亿美元，消费开支增加了近 8000 亿美元。可见，投资股票的收益支持了美国居民的消费增长，正是这种持续增长的消费需求支撑了美国经济的较高增长[1]。另有经济学家提出，地产比股票有更明显的财富效应。由此可见，经济泡沫（股市和地产泡沫）对于消费的影响是显著的，值得我们关注和研究。

**1. 财富效应与消费行为**

最早从总消费角度探讨财富效应的是哈伯勒（Haberler，1939）、庇古（Pigou，1943）和帕廷金（Patinkin，1956）。他们分析了货币余额变化带来的财富效应，即在其他条件不变的情况下，由于商品价格的下跌，货币实际余额增加，导致消费增加[2]。他们没有分析经济泡沫的财富效应。其实泡沫财富效应对消费的作用过程与上述庇古效应基本上是相同的[3]，在泡沫出现时，假定没有出现通货膨胀或通货膨胀率较低，会出现名义财富增加，进而影响消费增加。

成功地把资产引进消费函数并进行实证研究的是美国经济学家阿伯特·安道和莫迪利安尼。他们把消费函数表示成为现期工作收入和总资产的函数，即 $C=b_1Y_d+b_2A$，其中，$Y_d$ 是可支配收入，A 是资产，$b_1$ 和 $b_2$ 是系数。他们利用第二次世界大战期间的美国数据对这个简单方程进行了拟合，发现 $b_1$ 约为 0.7，$b_2$ 接近 0.06，从而为他们的消费函数理论提供了实证支持。安道—莫迪利安尼消费函数对于美国其他时期经济数据的解释能力也是很强的。例如，美国始于1973年的消费下降，也可以用股票市场行情的下跌以及其他资产价值的下跌来解释[4]。他们的生命周期理论解释来自于财富的支出与来自于暂时性收入的支出一样，都被分布到生命持续的年限中，产生于财富的边际消费倾向应该等于产生于暂时性收入的边际消费倾向，因而也是非常小的[5]。由此可以看出，产生于财富的边际消费倾向往往将资产的价值变动与当前消费联系起来，并且消费者的寿命影响财富效应。

为进一步解释收入与消费的关系，芝加哥大学的米尔顿·弗里德曼提出了持久性收入理论。他认为一个人的收入可分为持久收入和暂时性收入。持久性收入是稳定的、正常的收入，暂时性收入则是不稳定的、意外的收入。消费受持久性收入的影响，而不受或较少受暂时性收入的影响。根据持久性收入假说，短期边际消费倾向小于长期边际消费倾向，即消费者对短期内收入变化的敏感度比较低。短期边际消费倾向之所以小于长期边际消费倾向是因为在现期收入增加时，人们无法确定这种收入的增加能否持续，因此，也就不能立即根据这种收入的增加来调整消费。但是，持久性收入理论进一步指出，只有收入的增加持续不断地延续下去，消费者才有可能逐渐改变预期，把它们看成是长期性的[6]。依此理论，如果经济泡沫持续膨胀，那么名义财富可能被看做是持久性的，从而增加消费。

建立在消费者理性行为基础上的生命周期——持久收入假说（简称为LC—PIH理论）对经济学家很有吸引力。但是，经验证据表明，传统经验法则的消费函数与LC—PIH理论都有助于解释消费行为。实际消费行为既显示出过度敏感性，又显示了过度平稳性。前者意味着消费的反应太强烈，以致无法对收入变动做出预期；而后者则意味着消费的反应太弱，以致意外的收入变动也不会产生什么反应。约翰·坎贝尔与格里格·曼昆（Greg Mankiw）提出了将 LC—PIH 理论与传统消费函数结合起来的方式，以便检验过度敏感性。根据 LC—PIH 理论，消费变动等于意外因素 $\varepsilon$，$\Delta C_{LC-PIH}=\varepsilon$。根据传统理论 $C=\overline{C}+cYD$，$\Delta C_{trad}=c\Delta YD$。如果人口行为的 $\lambda\%$ 按传统模型行事，其余的 $1-\lambda\%$ 的人口行为根据 LC—PIH 行事，那么，消费的总变动就是：

$$\Delta C=\lambda C_{trad}+(1-\lambda)\Delta C_{LC-PIH}=\lambda c\Delta YD+(1-\lambda)\varepsilon \quad (6.1)$$

该方程的经验估计得出：$\Delta C=0.486\Delta YD$。

这意味着消费行为的一半是由现期收入而不是由永久性收入来解释的[7]。由此可推断出：即使暂时性的名义财富增加，也会刺激消费。

**2. 影响财富效应的因素分析**

通过上面的分析，有如下几个因素影响经济泡沫的财富效应：①通货膨胀。如果通货膨胀率不变或下降，经济泡沫扩张导致的名义财富越多，财富效应越明显，若通货膨胀率大于经济泡沫扩张速度，经济泡沫没有财富效应。②年龄结构。投资者（消费者）年龄结构越是偏大，即名义财富被分布到生命持续的年限数越少，财富效应越明显。③泡沫的持续时间。经济泡沫持续膨胀的时间越长，暂时性收入被看成永久性收入的可能性越高，财富效应越明显。④泡沫的大小。假设基础价值不变，市场价格上涨幅度越大，经济泡沫就越大，意味着单位时间内名义财富越大，财富效应越明显。在现实中，除了上述因素，经济泡沫对消费的作用还受到其他一些因素的影响。

（1）市场规模的影响。市场规模越大，经济泡沫对消费行为的影响就越明显。假设有市场 A 和市场 B，A 市场的规模为

λGDP，B市场的规模为0.2λGDP，A市场的资产价格在单位时间内上涨10%，B市场的资产价格上涨30%，那么期末A市场带来的财富增量为0.1λGDP，B市场的财富增量为0.06λGDP，规模大的市场派生出来的额外消费支出明显要大。可见，在其他条件相同时，市场规模越大，财富效应越明显。

(2) 投资者数量及结构的影响。投资者数量越是众多，经济泡沫对消费的影响就越明显。如果资产仅仅是由于少数富有阶层所持有，那么财富效应的作用就会降低，因为富有阶层消费的边际倾向相对比较低，经济泡沫带来的名义财富增长并不能有效地刺激消费。

(3) 资产持有方式的影响。国外研究表明，直接持有股票的消费者对股市上涨的敏感度要高于间接持有股票的消费者。那么，随着证券投资基金等机构投资者的发展，股市财富效应的力度将有所下降。

**3. 资产泡沫影响消费的"先行指标效应"**

除了上面研究的财富效应，资产泡沫还通过其他途径影响消费者的消费行为，其中最主要的是"先行指标效应"。

一般说来，股价与地价往往领先于实体经济的走势，价格走强往往意味着经济形势向好的方向发展，这样消费者预期自己的劳动收入将随着经济形势的向好而上升，由于预期劳动收入的增加，消费者将增加消费支出，这就是所谓的"先行指标效应"。一些经济学家对这种先行指标效应进行了验证，如玛丽埃·沃特(Maria Ward Otoo，1999) 对消费者信心指数与股市上涨之间进行了回归分析，她发现不管消费者是否拥有股票，消费者的信心指数都与股价之间呈现出一定的正相关，这一结果揭示了股市存在先行指标效应。至于地产市场是否存在先行指标效应，还有待验证。不管怎样，地价上升至少在某种程度上增强消费者对未来经济发展的信心。

关于房地产和股票哪一种资产的财富效应更明显，拉尔·克司、约翰·奎格勒和罗伯特·希勒三名美国经济学家从美国的角度对 1982～1999 年的消费者行为进行了考察。研究表明，在统计意义上，房地产市场的财富效应作用很明显，它的财富效应大约是股票市场的两倍。通常，房地产的价格上涨 10%，消费支出大约上涨 0.6%；而股市财富上涨 10%，人们的消费支出增加了 0.3%。三名经济学家检验了包括美国在内的 14 个国家的数据，他们发现在房地产市场的财富效应的作用更加明显——当房地产的价值增加 10%时，消费支出大概会增加 1.3%——但是在其中完全没有包括股票的财富效应。

为什么在世界各地房地产财富效应的作用要大于股票市场?无论是美国，还是在其他的国家，在普通人的资产中，股票所占的份额都比较小，此时资产的主要价值由房地产的价值决定，导致房地产价格的变动对大多数人的影响要比股票价格变动的影响大。

此外，房地产的价格相对于股价更加稳定，比股市所形成的波峰波谷更加平缓，相对于股票价格上涨所带来的收益，房地产价格的上涨带来的收益对于房屋的所有者来说是一种更加稳定的收益，它更可能影响家庭的消费决策。

## 二、经济泡沫对投资的影响

经济泡沫应具有资金成本效应、资金易得性效应和先行指标效应，对设备投资产生积极影响。

### 1. 资金成本效应

资金成本效应主要是针对股票市场而言的，它是指由于股市暴涨，促使企业筹资成本降低，从而对社会有效需求中投资需求产生影响。股市的资金成本效应可通过托宾的 q 理论来解释。诺贝尔奖得主詹姆斯·托宾于 1969 年提出了一种有关股票价格和投资支出相互关联的理论，通常称作托宾的 q 理论。托宾把 q 定义为企业的市场价值除以其资产的重置成本（近似等于净资产值或股东权益）。如果 q 值很高，那么企业的市场价值要高于资产的重置成本，新厂房和设备的成本要低于企业的市场价值。在这种情况下，公司可发行股票，而且能在股票上得到一个比他们正在购买的设施和设备要高一些的价格。由于厂商可以发行较少股票而买到较多新投资品，投资支出就会增加。相反地，当 q 值很低时，由于企业的市场价值低于资产的成本，他们不会购买新的投资品，且可以低价购买其他企业而获得已经存在的资产。这种情况下，投资支出即新投资品的购买将会很少。其传导可表述为：$P\uparrow \rightarrow q\uparrow \rightarrow I\uparrow \rightarrow Y\uparrow$。从泡沫经济时期日本设备投资连续三年两位数的增长来看，可以证明托宾的 q 理论发挥了作用。不过，q 理论发挥作用的条件是股市的规模要足够大，因为如果股市规模比较小，尽管企业通过股市筹资而进行的投资活动大大增加，但对该国整体的投资水平却不会有明显的影响。

地价上涨是否有资金成本效应，值得商榷。因为地价上升，并不意味着企业资金成本的降低。从经济整体来看，地价的上升，并不会带来可用于投资的资源总量的增加。地价的上升，使得资源向持有土地的企业转移，将原本用于其他经济部门的生产资料和劳动力流向以土地为担保进行借款的企业，它只会带来转换投资主体的效果，同时，它还意味着部分经济部门因为地价的上涨而不能实现其投资，而这一部分是无法通过统计数据加以观察的。若仅仅将着眼点放在持有土地的企业的投资增加上，会带来地价上升增加投资总额的错觉[8]。

2. 资金易得性效应

资金易得性效应是指经济泡沫膨胀时期，企业持有的股票和地产的市值增加，企业就可以用股票和地产作为抵押从银行获得更多的贷款用于投资。

首先分析股市泡沫的资金易得性效应。在股市泡沫时期，持有股票的企业可从银行融到更多的资金，这可从日本的经验中寻找到某些痕迹（如图 6.1 和图 6.2 所示）。从这两图中可以看到，日本在 20 世纪 80 年代末的泡沫经济时期，随着股票价格的上涨，证券抵押贷款占所有银行贷款的比例从 1984 年的 1.5％增加到 1988 年的 2.5％。80 年代中后期，证券抵押贷款的增长率都在 20％以上，直到 1990 年股市暴跌，泡沫破灭。

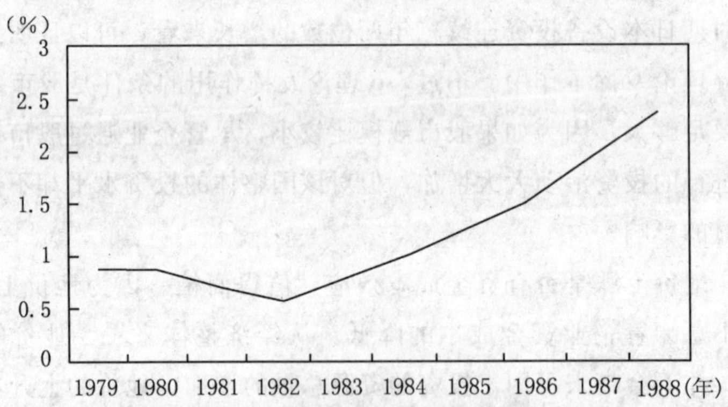


**图 6.1　日本证券抵押贷款在所有贷款中所占的比例**

资料来源：日本中央银行，网址：www.boc.or，jp

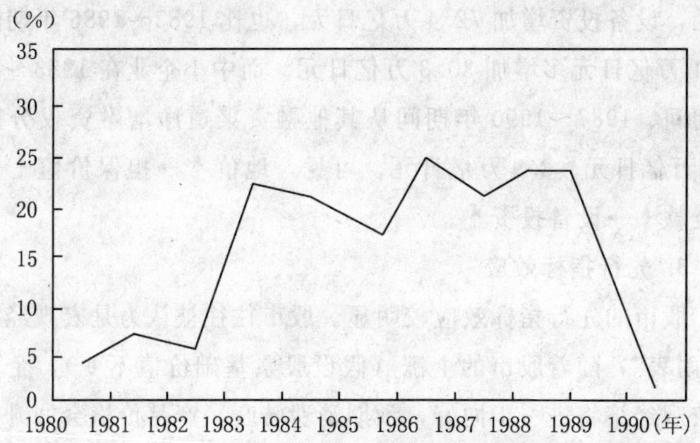


**图 6.2　日本证券抵押贷款增长速度**

资料来源：日本中央银行，网址：www.boc.or，jp

地产泡沫也同样存在资金易得性效应。由于土地的流动性较低，土地往往成为金融机构尤其是银行贷款的首选担保品。地价上升，以地产作为抵押从银行获得更多的资金，企业将扩大设备投资。以日本为例来说明，不动产担保融资是日本银行融资中的主要部分，泡沫经济期间，以不断增值的不动产为担保，银行新增了大量贷款。1984～1990 年，银行的不动产抵押平均规模从 560 万亿日元上升到了 1100 万亿日元，其中，城市银行在抵押市场上的份额从 13％上升到了 22％。除此以外，银行的其他贷款（如对中小企业的贷款）也都以某种形式与不动产担保有联系。以较为突出的信托银行和长期信用银行为例，1990 年 6 月，信托银行融资总额 53.9 万亿日元中，52％以不动产为担保，长期信用银行融资的 43.9 万亿日元中，47％以不动产为担保[9]。日本中小企业在 1987～1990 年期间从金融机构净增融资 95.5 万亿日元，比 1983～1986 年期间 30.7 万亿日元要多出 64.8 万亿日元，设备投资增加 72.4 万亿日元，也比 1983～1986 年期间的 42.1 万亿日元多增加 30.3 万亿日元。而中小企业在 1983～1986 年期间、1987～1990 年期间从其他融资渠道净增融资仅分别为 1.5 万亿日元、3.9 万亿日元。可见，地价↑→担保价值↑→银行贷款↑→设备投资↑。

**3. 先行指标效应**

股市的先行指标效应较明显。股市往往被认为是宏观经济的“晴雨表”，随着股市的上涨（假设股票基础价值不变），企业认为宏观经济将进一步向好，预期消费转旺，产品价格会回升，因此刺激了企业的投资意愿。

## 三、经济泡沫对国民收入和利率水平的影响

以下借助希克斯—汉森模型（即 IS—LM 分析模型），就财富效应和资金成本效应对国民经济和利率水平的影响进行讨论。

**1. 经济泡沫对 IS 曲线的影响**

(1) 财富效应对 IS 曲线的影响。一般认为，财富效应会提高平均消费倾向（APC）和边际消费倾向（MPC）。由于平均消费倾向和平均储蓄倾向（APS）之和等于 1；边际消费倾向和边际储蓄倾向（WPS）之和也等于 1。所以，财富支出效应会降低平均储蓄倾向和边际储蓄倾向，从而使第Ⅳ象限的储蓄曲线 S—S 向右上方移动至 S′—S′，如图 6.3 所示。如果平均储蓄倾向下降而边际储蓄倾向维持不变，那么储蓄曲线 S—S 向右上方移动是平行移动；如果平均储蓄倾向下降的同时边际储蓄倾向也下降，那么储蓄曲线 S—S 向右上方移动既包括平行移动，又包括逆时针方向的转动。图 6.3 中所示的从 S—S 向 S′—S′ 的平行移动的情形。

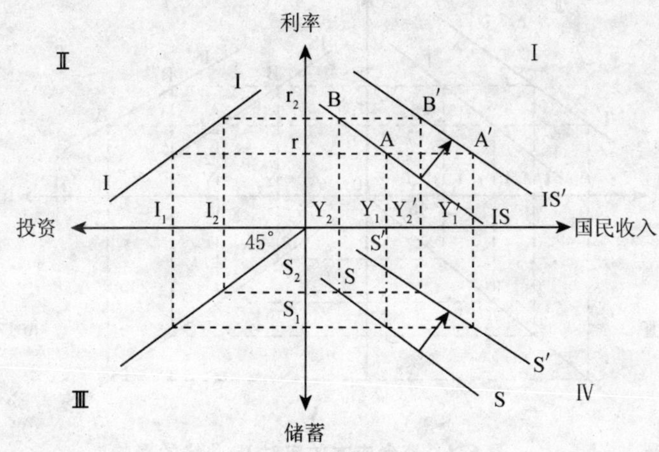


**图 6.3　财富效应对 IS 曲线的影响**

资料来源：高鸿业．西方经济学（宏观部分）［M］．北京：中国经济出版社，1996.525

当储蓄曲线变成 S′—S′时，可以得到新的 IS′曲线 A′B′，从图 6.3 中可以看出，A′B′较原来的 IS 曲线 AB 向右上方发生了移动。由此可以得出结论：经济泡沫所引起的财富效应使 IS 曲线向右上方移动。

（2）资金成本效应对 IS 曲线的影响。资金成本效应会提高全社会的投资水平，使图 6.4 中第Ⅱ象限的投资曲线 I—I 向左上方移至 I′—I′，这时新的 IS′曲线 A′B′也是较原来的 IS 曲线 AB 向右上方发生了移动，即经济泡沫所引起的资金成本效应也是使 IS 曲线向右上方移动。

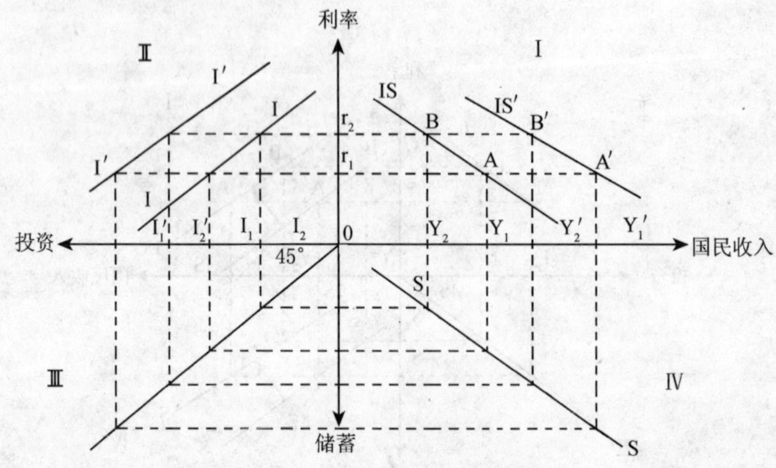


**图 6.4　资金成本效应对 IS 曲线的影响**

资料来源：高鸿业．西方经济学（宏观部分）［M］．北京：中国经济出版社，1996.524

**2. 经济泡沫对 LM 曲线的影响**

当经济泡沫出现时，由于资产价格膨胀以及对各种资产需求增加，导致对货币的需求增大，货币市场上发生供不应求的状况，使图 6.5 中的货币需求曲线 L—L 向左上方移动，形成一条新的货币需求曲线 L′—L′。如果货币供给量不变，M—M′就不会发生变化。货币需求曲线向左上方移动的结果是：LM 曲线向左上方移动到如图 6.5 所示的 LM′位置。

**3. 经济泡沫对国民收入和利率水平的影响**

如前所述，经济泡沫对 IS 曲线的影响是：财富效应和资金成本效应将使 IS 曲线向右上方移动，如图 6.6 所示，假设 LM 曲线固定不变，局部的经济泡沫使 IS 曲线向右上方移动至 IS′，这时商品市场和货币市场的同时均衡点将由原来的 $E_0$ 点转移到 $E_1$

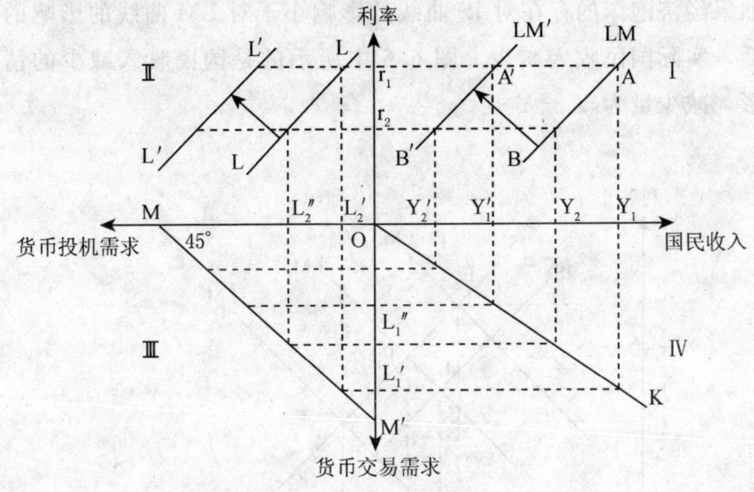


**图 6.5 经济泡沫对 LM 曲线的影响**

资料来源：高鸿业．西方经济学（宏观部分）［M］．北京：中国经济出版社，1996.540～541

点。其结果将会使利率从 $r_0$ 上升到 $r_1$，实际国民收入从 $Y_0$ 增加到 $Y_1$。经济泡沫对 LM 曲线的影响是：将使 LM 曲线向左上方移动，如图 6.6 所示，假设 IS 曲线仍维持在 IS′位置，LM 曲线向左上方移动到 LM′，这时商品市场和货币市场的同时均衡点将由 $E_1$ 点转移到 $E_2$ 点，其结果将会使利率从 $r_1$ 进一步上升到 $r_2$，实际国民收入从 $Y_1$ 减少到 $Y_2$。所以，综合经济泡沫对 IS 曲线和 LM 曲线两方面影响所产生的作用，可以得出如下结论：在货币供给量固定不变和市场利率可以自由浮动的情况下，经济泡沫的存在将使市场利率上升。但是，利率受固定的上升压力作用时的实际国民收入效果未必是明确的，如果经济泡沫的存在对 IS 曲线的影响大于对 LM 曲线的影响的话，实际国民收入增加；

如果经济泡沫的存在对 IS 曲线的影响小于对 LM 曲线的影响的话，实际国民收入减少。图 6.6 中所示的是国民收入减少的情形，减少量为 $Y_0-Y_2$。

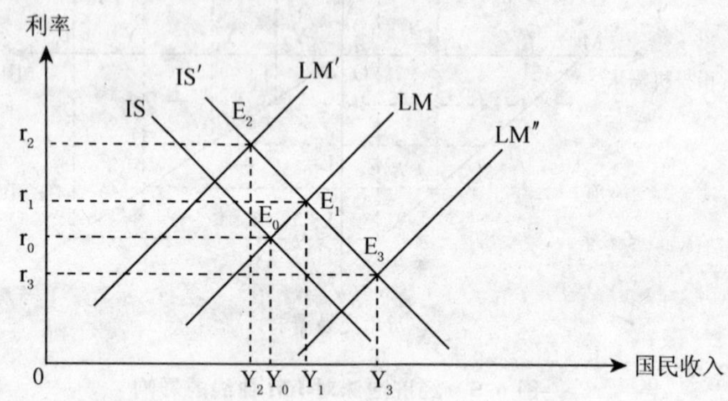


**图 6.6　经济泡沫对国民收入和利率水平的影响**

资料来源：高鸿业．西方经济学（宏观部分）［M］．北京：中国经济出版社，1996.545～546

上述结论就经济泡沫膨胀的某一个时期来说可能是正确的，但如果从一个较长时期考虑，情况就大不相同。因为市场利率的提高必然会导致未来的储蓄增加、投资减少，使图 6.3 中的储蓄曲线 S′—S′回到 S—S 的位置，图 6.4 中的投资曲线 I′—I′回到 I—I的位置。结果 IS′曲线重又回到原来的位置。同时，市场利率的提高也必然会减少对货币的投机需求 $L_2$，使图 6.5 中的货币需求曲线 L′—L′回到 L—L 的位置，结果 LM 曲线也重新回到了原来的位置。这样，图 6.6 中的均衡点又从 $E_2$ 最终回到了 $E_0$。也就是说，经济泡沫只能对国民收入和利率水平产生短暂的冲击，从一个较长时期来说，它不会对国民收入和利率水平产生任何影响。但是，如果中央银行在经济泡沫产生与膨胀时期采取宽松的货币政策，增加货币供给量，使图 6.6 中的 LM 曲线移动到 LM″以维持 $r_3$ 的利率水平，那么经济泡沫所产生的需求冲击就能在较长时期内维持在 IS′的水平，从而拉动国民收入水平上升到 $Y_3$。因此，从一个较长时期来说，只要市场利率可以自由浮动，经济泡沫就不会影响国民收入水平，除非中央银行货币政策失误，在经济泡沫时期放松了银根。

以上研究了经济泡沫的产生与膨胀过程对 IS 曲线、LM 曲线以及国民收入和利率水平的影响，这些都是经济泡沫在产生与膨胀过程中对实体经济产生的影响。

## 四、经济泡沫促成泡沫经济的形成

### 1. 经济泡沫对国民收入的动态影响

前面仅从静态的角度分析了经济泡沫对国民收入的影响，下面将从动态的角度分析经济泡沫形成和持续膨胀过程中如何影响国民收入。

经济泡沫的产生首先往往来源于生产领域的资金，这样的泡沫被称为内嵌式泡沫。内嵌式泡沫的形成和发展会造成通货紧缩，对经济系统的投资和消费起到抑制作用，国民收入水平下降。此时，如果没有信用扩张，经济泡沫的存在是暂时的；如果出现信用扩张，经济泡沫会持续膨胀，内嵌式泡沫演变成外挂式泡沫，外挂式泡沫不仅不挤占系统内部的资本存量，而且对经济系统中的消费和投资起到相应的扩张作用，影响国民收入水平不断上升。由此可见，经济泡沫在形成和持续膨胀过程中对国民收入的影响是不平稳的，会出现 J 曲线效应，如图 6.7 所示。

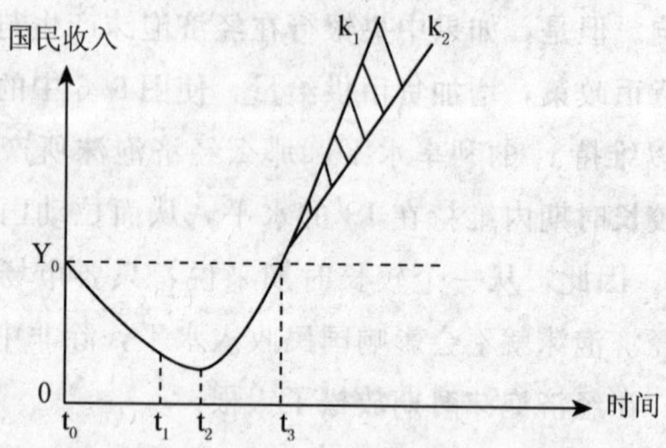


图 6.7 经济泡沫影响国民收入的变动轨迹

$t_0t_1$ 时期，经济泡沫表现为内嵌式泡沫，此阶段影响国民收入水平下降；从时点 $t_1$ 开始，信用扩张，出现外挂式泡沫。$t_1t_2$ 时期，国民收入仍然会下降，因为短期内股价和地价会做出迅速的反应，经济系统中的增量资本和部分存量资本继续进入股市和地产市场追求高收益，直至生产性资本的收益率有所增加、泡沫持有的机会成本增大为止；时点 $t_2$，国民收入处于最低点；$t_2t_3$ 时期，存量资本回流，新增资本一部分进入生产领域，经济泡沫的扩张对经济系统的投资和消费的抑制作用逐渐削弱直至时点 $t_3$，经济泡沫的财富效应和资金成本效益暂不起作用；$t_3$ 开始，如果经济泡沫没有财富效应和资金成本效应，国民收入的变动轨迹为 $k_2$ 曲线。事实上，正如前面所述，经济泡沫具有财富效应和资金成本效应，国民收入的变动轨迹为 $k_1$ 曲线。

**2. 泡沫经济的形成及发展**

根据上面的分析，在宽松货币政策的配合下，经济泡沫的存在会刺激社会的消费与投资，拉动社会有效需求，导致社会总供给即国民收入的增加。如图 6.8 所示，假设经济泡沫（$P_2-P_1$）

拉动社会有效需求从 $AD_1$ 上升到 $AD_2$，则社会总供给增加，国民收入从 $Y_1$ 增加到 $Y_2$，此时泡沫经济开始形成。国民收入的增加部分（$Y_2-Y_1$）是投机需求引起的，国民收入的增加，又会引发人们对资产市场更加乐观的预期，形成更大的投机需求。如果这时人们以膨胀的资产作抵押向银行贷款再投入到资产市场上，就会造成以贷款抬价格又以价格招贷款的恶性循环机制。结果使资产上的经济泡沫越吹越大，进一步刺激社会有效需求，导致下一期更多的社会总供给和国民收入，使泡沫经济持续发展，直到整个社会达到充分就业的有效需求水平 $AD_3$ 和国民收入水平 $Y_3$。到这一点为止，应该说资产价格上的经济泡沫刺激了社会有效需求，增加了就业和国民收入水平，对国民经济的发展有其有利的一面。但是，如果社会有效需求不断增长的势头在此以后不能得到有效遏制，超过充分就业的有效需求水平 $AD_3$，比如说达到 $AD_4$，必将造成生产要素市场的紧张状况，开始面临着通货膨胀的压力，从而使得泡沫膨胀的经济环境出现恶化，经济

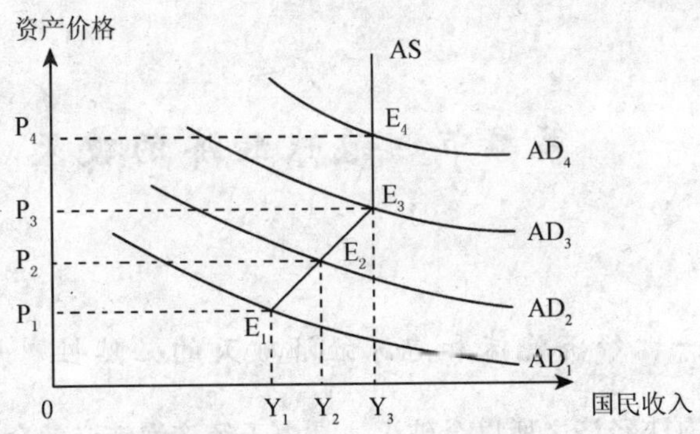


**图 6.8　泡沫经济的形成示意图**

资料来源：高鸿业.《西方经济学》(宏观部分)，中国经济出版社，1996. 748～749

泡沫破灭不可避免。

本节通过分析泡沫经济的形成机制后发现，泡沫经济的形成受许多因素影响：①物价水平。如果经济泡沫的扩张速度小于或等于物价水平的上涨速度，财富效应难以体现。②市场规模。即使物价水平上涨速度缓慢或保持不变，如果市场规模较小，财富效应也不明显。③经济泡沫持续时间。在物价水平不变及市场规模较大的前提下，如果经济泡沫持续时间较短，财富效应无法显现出来。根据经验，经济泡沫要持续 1～2 年才有明显的财富效应。正是因为受到各种因素的严格约束，泡沫经济的形成没有一定的周期性。

在此基础上，必须澄清一种错误认识：以为经济泡沫的持续膨胀便是泡沫经济。作者认为，经济泡沫是微观现象，泡沫经济是宏观现象，经济泡沫的持续膨胀促成泡沫经济的形成，泡沫经济的形成不是经济泡沫变大的简单演变，两者不存在交替关系，泡沫经济中以大量的经济泡沫作支撑。若没有经济泡沫的支撑，泡沫经济必然破灭。

## 第二节 泡沫经济的破灭

### 一、经济泡沫和泡沫经济破灭的必然性

泡沫经济之所以会破灭，是由于经济泡沫必然会破灭。经济泡沫破灭，通过影响消费和投资，进而减少社会有效需求，出现国民收入水平的不断下降，使经济的繁荣景象消失。可见，泡沫

经济破灭的必然性在于经济泡沫破灭的必然性。

### 1. 经济泡沫破灭的内在必然性

在第四章探讨经济泡沫的微观形成机制时，无论在理性泡沫模型还是非理性泡沫模型中，经济泡沫破灭的可能性是存在的。

理性泡沫模型分为无限型理性泡沫模型和有限型理性泡沫模型。在无限型理性泡沫模型中，资产价格走势必须以指数形式增长；在有限型理性泡沫模型中，资产价格走势也需要以级数增长。如果价格走势无法以指数或级数增长，泡沫无法存在，即泡沫会破灭。

非理性泡沫是否会破灭呢？在噪音交易模型中，风险资产的均衡价格方程式（4.13）等号右边的第四项表示噪音交易者的空头情绪会导致资产价格的下挫，如果第四项的数值大于或等于第二项和第三项的数值，资产价格将回归甚至跌破基本价值，使得泡沫破灭。在DHS模型中，当结论性的公开信息到达后，由过度自信和归因偏差引致的股价泡沫最终会消失，即没有其他因素冲击的情况下，股票价格最终向基本价值收敛。在外推预期模型中，假设λ值为正，$P_t > P_{t-1}$，就会出现$P_{t+1}^e > P_t$，$P_{t+2}^e > P_{t+1}$，…价格持续上涨，这里涉及时期和价格的确定问题。t时期是一天、一周、一月还是一年呢？价格是t时期的最高价、最低价、中间价还是加权平均价呢？事实上，价格不可能时时刻刻上涨，如果投资者观察到某一时刻价格下调，并以此外推预期$P_{t+1}$的价格，那么价格会持续下跌，导致泡沫破灭。在DSSW模型中，市场中的套利者对正反馈投资者进行利用时，会加剧股票价格对价值的偏离程度，吹大泡沫，但最终会将市场价格带回到基本价值。

研究经济泡沫的微观形成机制后发现，在没有外部环境的干扰下，经济泡沫会向基本价值回归。

**2. 经济泡沫破灭的客观必然性**

经济泡沫的运行不能脱离特定的经济环境。它的膨胀会受到经济环境的制约，客观上具有破灭的必然性。

(1) 经济增长对经济泡沫的制衡。从短期来看，由于生产率是波动的，经济增长也呈一种不规则的波动状态；经济系统中对股票和地产收益贴现率有很大影响的利率也处在不停的波动状态；经济中经常出现对股票和地产价格有很大影响的突发性因素。这一切都会导致股票和地产价格大幅波动，甚至造成资产价格增长与经济增长严重背离。但经济增长对资产价格的长期制衡作用还是比较明显。由于股票、地产价值来源于红利、地租，红利大小及其增长来源于上市公司盈利的增长，上市公司盈利的增长来源于经济增长；地租作为一种经济剩余，地租的增长也来源于经济增长。所以，从总体上来说，股票和地产价格增长肯定会受经济增长的制约[10]。从长期来看，资产泡沫不可能持续膨胀。

(2) 资产收益结构对经济泡沫的制衡。吴开兵博士认为，根据总资产收益率、资产风险特征、稀缺性、存续期的不同，各种资产的收益会形成一个相对稳定的比例，这种比例就是资产的收益结构。虽然资产收益率每时每刻都在发生变化，也就是短期的资产收益结构可能不稳定，从长期来看，资产收益结构是比较稳定的，相对稳定的收益结构对资产价格是一种制衡力量[11]。

**3. 经济泡沫破灭的现实考察**

从历史来考察，任何经济泡沫都有破灭的时候，泡沫的消除常常通过价格调整来实现，先前的价格暴涨，必有随之而来的价格暴跌。现以日本泡沫经济为例说明经济泡沫的破灭。

日本股价在20世纪80年代后期长期持续高增长。股票总市值在1986年末到1989年末的几年内，由375万亿日元升至890万亿日元，上涨137%，其后，从1990年起出现下降趋势，到1992年底跌至402万亿日元，与1989年末的最高值相比下挫55%，1997年末为335万亿日元，与最鼎盛时期相比，下降幅度约为62%，相当于1986年的水平。股票总市值与名义GDP的比值在1969～1985年间处于40%～75%的范围内，1986年上升到112%，之后便持续上涨，于1989年达到222%。1989年出现下滑，大部分时间内位于80%～90%的水平，但1998年8～9月，日经指数下跌至14000点，市值与GDP之比仅为60%，为1984年的水平。对股价变动趋势进行分析可知：市值在1987～1989年的几年间比在此之前大约上涨了3倍，而在1990年之后的下挫过程中，收缩了约1/3。

日本土地价格的总规模从1986年末的1257万亿日元扩大到1990年末的2365万亿日元，上涨88%，之后直到1997年，一直处于下滑状态，到1997年底为1659万亿日元，跌幅达30%。地价总值与名义GDP的比值在1969～1985年大致处于200%～300%的区间，而在1986年以后开始急剧上升，1987～1990年间突破400%的关口，最终甚至高达550%。1991年之后出现逆转，比值持续下跌，在1997年达到327%，恢复到1985年左右的水平。

在所有出现过泡沫经济的国家，泡沫经济破灭前后，股价的波动性远远大于地价的波动性，并且股价的波动呈现一种偏态分布，即股价下挫的速度要远远快于泡沫形成过程中股价上涨的速度。

## 二、经济泡沫和泡沫经济破灭的原因分析

既然泡沫的消除是通过价格的调整来实现的，接下来的问题是，在什么样的环境下，或是由于什么原因，价格走势发生转折，泡沫开始破灭。

**1. 经济政策的转变**

经济政策尤其是货币政策的转变对资产价格的走势往往具有决定性的作用。当通货膨胀压力日益增加，或者是货币当局担心资产价格失控而收紧银根时，往往标志着股市转折点的开始。这一论点从 20 世纪 20 年代末美国股市的大崩盘到 90 年代初期日本泡沫经济的破灭，都得到了验证。但需要指出的是，在经济政策的转变到经济泡沫的破灭之间往往存在着一段时滞，这种时滞可能是由于投资者的惯性所造成，因为在经历了长时间的牛市格局之后，投资者的信心空前高涨，往往对经济政策的转变存在反应不足。由于投资者的惯性行为会造成初始政策措施的失效，政策当局就会进一步加大政策力度，这时候投资者的信心开始受到致命打击，泡沫的破灭就不可避免了。

**2. 宏观经济环境发生变化**

宏观经济对股价和地价的影响非常明显。投资者非常关注一些常用的宏观经济指标的变化，如 GDP 增长率、通货膨胀率、失业率、企业生产能力利用率、汇率、国际收支状况、贸易状况等，所有这些经济指标都会对投资者的情绪产生影响。当指标良好时，投资者信心受到鼓舞，交易火暴，资产价格上涨；而一旦某些指标开始发生转折，投资者的信心便会受到负面影响。因此，宏观经济环境往往成为外部的冲击力量，对经济泡沫的形成与破灭起到催化作用。

**3. 投资者心理发生转变**

在泡沫的形成阶段，由于受宏观经济走势良好、股市和地产市场长期保持繁荣的影响，投资者信心高涨，忽视了价格已经被严重高估因而有可能暴跌的风险。但随着经济泡沫的继续膨胀，有些先知先觉的投资者开始觉察到泡沫的存在，慢慢地退出市场。随着时间的进一步推移，这些先知先觉的投资者的行为被越来越多的其他投资者所觉察，越来越多的投资者认识到风险的存在。但这时候，他们预期其他投资者还没有意识到这一点，仍然希望在其中获得投资收益。然而当投资者对泡沫的认同程度越来越高时，市场中的狂热的投机气氛慢慢消退。在这种市场情绪当中，一旦有什么风吹草动，投资者便争相加入到争夺流动性的比赛当中，使得庞兹游戏结束，价格出现暴跌。

这里用 $B_t$ 表示 t 时期的泡沫，$P_t$ 表示 t 时期的价格，$\pi_{t+1}$ 表示 t＋1 时期泡沫能够延续的概率，$1-\pi_{t+1}$ 表示 t＋1 时期泡沫将破灭的概率。如果出现：

$$E_t = [\pi_{t+1}(p_{t+1} - p_t) - (1 - \pi_{t+1})B_t] < 0 \qquad (6.2)$$

投资者的预期收益小于零，没有人愿意买入被高估的资产，经济泡沫将破灭。

## 第三节　泡沫经济破灭的危害

不少学者在理论上从不同的角度对泡沫经济的后果得出不同的结论：有益论、中性论和有害论。其实际后果是弊大于利，历史上数次泡沫经济的破灭给一国经济带来较大的破坏。可是，在开放经济条件下，特别是金融全球化条件下，泡沫经济破灭对一国经济的危害更严重，况且对世界经济的负面影响也更大。例如，日本泡沫经济的破灭造成日本经济十多年的萧条，尽管日本政府使尽浑身解数，经济仍旧低迷不振。日本泡沫经济破灭后，资金大量外流，在某种程度上促成了东南亚国家或地区泡沫经济的形成。

## 一、泡沫经济破灭对一国经济的影响

### 1. 对微观经济的影响

（1）对居民的影响。泡沫经济形成时期，泡沫的持续膨胀使消费者资产财富增加，并对未来收入预期看好，积极运用消费信贷，导致消费的扩张。泡沫经济崩溃后，资产价格暴跌造成个人财富缩水，使人们产生“持久性收入”减少的预期，加上对未来经济不确定性预期的增强，居民消费将锐减。美国经济学家马克·M. 辛迪（Mark. M. Zndi）研究指出，财富效应使每增加百元财富时支出增加 4 美元，但可能使每百元财富减少时支出下降 7 美元，从而对消费的紧缩效应大于对消费的扩张效应[12]。消费需求的减少将使企业面临存货增加、销售不畅、销售收入减少，企业为降低运行成本，大幅度裁员和降低工资标准，这进一步减少了人们的收入来源，由于银行业慎重经营和消费者融资能力下降，寻求消费信贷的难度加大，于是造成消费的进一步萎缩。

（2）对企业的影响。在泡沫经济形成时期，股价、地价的上涨有利于企业融资，企业投资收益和经营收益也快速增长，但地价上升对没有土地的新兴企业和外国企业正常开展经营活动带来了很大影响。泡沫经济崩溃对企业的冲击是多方面的：①投资收益下降。资产价格暴跌，投资股票和地产的企业的资产财富缩水。②经营收益减少。由于消费需求的减少，没有竞争力的产品出口困难，导致企业销售收入下降，在融资成本提高的情况下，企业经营收益减少。③直接融资成本提高。股票价格下跌，托宾q值下降，资金成本效应削弱。④间接融资受阻。一方面，由于股票价格和土地价格的下跌，有些借款企业资不抵债，在出现了大批不良债权的状况下，债务人的偿还能力没有保证；另一方面，银行资产负债率恶化，出现惜贷现象。

在上述四种因素的作用下，企业设备投资减少，经营日益困难，甚至不少企业最终走向破产、倒闭。例如，日本1990年企业倒闭6468家，此后逐年增加，到1998年企业倒闭件数升至18488家，因倒闭而引起的负债总额，从1990年的19959亿日元猛增至1991年的81488亿日元、1998年的137484亿日元[13]。

(3) 对银行的影响。泡沫经济时期，泡沫的膨胀使银行的资本金大增，贷款能力增强，资产也快速增加。例如，从1985年初到1990年9月末，日本的银行资产从27137亿美元上升到57487亿美元，增长速度远远超过美、法、德、英等西方工业化国家，日本几乎包揽了世界大银行的前10名。然而，泡沫的破灭及泡沫经济的崩溃，银行的处境比居民和其他企业更糟：①巨额不良债权的出现。由于在泡沫形成过程中发生的债权债务关系难以理顺，大批个人或企业陷入困境甚至破产，通过债务链直接或间接影响到银行，使银行出现巨额不良债权。据日本官方（大藏省）1995年6月6日的统计资料显示，日本金融机构的不良债权达40万亿日元[14]。②自有资本出现不足。银行出于盈利的需要在其储备资产中保留了部分证券资产，或者在没有很好的贷款机会时，直接投资了部分证券资产，股市的暴跌将直接导致其资产的损失。③经营风险增大。在泡沫破灭后，企业对银行的贷款需求将增加，但此时借款的目的发生了变化：不再用于生产性投资，而是用于补充企业的流动资金；即使是用于生产性投资，也可能是道德风险使然。在这种情况下出现道德风险是很容易理解的，由于企业面临经营困境，企业就有动机借款从事高风险的投资项目（对应着高收益）来企图摆脱破产的命运；同时，由于股价和地价暴跌造成企业净值的下降，企业发生道德风险的可能性确实大大增加了。一方面，企业的资金需求增加；另一方面，银行此时却不愿意冒险放贷，由此造成金融市场上利率的急剧攀升，利率的攀升容易造成企业的逆向选择，银行经营的风险必然增大。另外，与银行有大量业务往来的证券公司，如果违规经营，比如透支、挪用客户保证金等导致破产时，很有可能造成相关银行的连锁倒闭。④资金来源减少。由于居民及企业的收入锐减，直接减少了银行资金的来源；甚至由于居民及企业迫于流动性需要而提款，将造成银行存款的进一步减少，使银行的资产负债表进一步恶化。

以上这些因素会造成部分银行资不抵债而破产，银行的破产又必然使与这些银行有借贷往来的企业发生倒闭，企业倒闭又引发其他银行破产，引起连锁反应，出现一系列的挤兑风潮和破产事件，最终危及整个银行体系。

泡沫破灭对银行部门的危害程度取决于银行在泡沫吹大过程中的介入深度。一般间接融资比例高的国家，泡沫的吹大是银行资金驱动的，银行受泡沫破灭的冲击要大，如日本、东南亚国家；直接融资比例高的国家，泡沫的膨胀是个人资金及外资推动的，泡沫破灭对银行的危害要小，如21世纪初期美国网络泡沫的破灭对银行没有太大的负面影响。

**2. 对经济结构的影响**

（1）对投资与消费结构的影响。①在投资结构上。在高额利润和虚假的过度繁荣的驱使下，银行等金融机构放松对信贷质量的审查和可行性研究，大量银行资金涌入股票、房地产等投机市场，从而刺激社会投机心理的膨胀，带动社会资金向这些领域的流动，而实体经济领域的生产性投资受到挤压。即使生产经营中有部分增量投资，也主要是外延式投资而不是内涵式投资（是指用于技术创新、产品改进的集约化投资）。东南亚许多国家政府都上了投资巨大的“民心工程”，或是借口保护本国工业，支持一些盲目扩大规模的项目。如韩国三星集团，不顾实际的市场走势，进入了已饱和的汽车制造业，内涵式投资被挤出造成的后果最终表现为产业结构长期低级化、产业转换能力弱、产品竞争力下降等。②在消费结构上。在泡沫膨胀时，凡参与股票、地产投机活动者，都可获得高额的投资收益率，不少投机者成为暴发户，消费行为出现扭曲，他们大肆购买从国外进口的高档奢侈品，享受高水平的服务，带动了餐饮业、旅游业和娱乐业等行业的繁荣。可泡沫破灭后，各大商场及中小店铺不仅奢侈品卖不出去，而且日常消费品的销售量也下降，同时服务行业出现萎缩。

（2）对产业结构的影响。在经济泡沫泛滥期间，一方面社会资金供求出现失衡并直接引起资金价格的大幅上升，低回报率的工农业生产部门生产资金短缺；另一方面，股票和房地产市场的高回报率使得社会上产生轻视工农业生产的风气，大批优秀人才被吸引到金融投机部门，造成工农业部门人才缺乏。由于资金紧张和人才短缺，工农业的发展受到阻碍，造成产业升级缓慢。例如，中国台湾地区制造业就业人数于1988年下降0.67％，1989年再减少0.21％，在1990年大幅度减少5.1％，劳动力的短缺造成单位产出中所包含的劳动力成本所占的百分比从1988年的8.22%上升到1989年的10.13%，结果制造业增长率由1987年的11.09%降至1989年的3.64%，到1990年增长率为−0.74%，连绝对值都呈现下降趋势[15]。

泡沫经济崩溃后，金融业和房地产盈利能力降低，失去了原有的扩张能力，许多公司纷纷裁员，造成社会人力资源的浪费，也影响了面向市场的教育结构，造成不必要的教育资源的浪费。而银行业由于资产负债表的恶化势必紧缩借贷，不仅要追回已经贷出的资金，也不会轻易给企业延期或发放新的贷款，往往造成大量企业破产，工人失业，工农业生产急剧下降。

(3) 对收入及分配结构的影响。①在收入结构上，非劳动收入增加。在泡沫膨胀时期，一般来说，资产市场价格会以很快的速度上升，这使得资产持有人可以不必进行任何劳动或努力就能获得资本收益。这种收益往往会远远地超出资产正常投资时的收益。巨大的利益使得人们趋之若鹜，从而不仅导致资本流向这类投机市场，也使得劳动所得在国民收入中所占的相对比重下降，影响社会居民的劳动热情。在日本股票和土地泡沫膨胀时期，这种现象非常显著。在针对民间部门（含私人企业）的国民经济统计中，20世纪80年代后期，在资产膨胀的情况下劳动收入所占的比例都在不断降低。②在分配结构上，出现两极分化。在社会经济生活中，越是富有的人往往越有能力持有更多的泡沫资产，而资产价格膨胀又使得资产升值，从而使得原本就很富有的人变得更加富有，而与此同时则导致社会中原本就很贫穷的人变得相对来说更加贫穷，因而泡沫分配效应有损于社会公平性。在80年代日本资本泡沫的形成过程中，特别是在80年代后期，消费者物价和工资基本上处于不变，或者处于缓慢上升的状态，然而股价和地价却以很快的速度上升，这种状况从1987～1990年持续了3～4年。股价、地价明显高涨，在资产所得分配上产生了很大的扭曲，结果造成了“拥有者变得越来越富有”的财富分配效应。

现针对社会收入阶层来进行更进一步的细致分析。首先考察股票持有人的分布情况，越是低收入阶层，其持有定期储蓄等这类比较安全的资产比重越高；而越是高收入阶层，拥有股票的权重越高。因此，在上述资产膨胀过程中，越是高收入者获得的股票升值收益也就越大，从而泡沫的发生使得不同阶层家庭之间的资产差距进一步扩大。至于土地持有情况，根据日本的税务统计，在泡沫出现以前，从收入阶层分布来考察长期土地转让所得可以发现不均匀度很高，但在地价急升的1986～1987年，这种不均匀度则有了进一步的提高。如果认为长期转让所得的大部分是由土地的买卖所得，这说明了由地价上升获得的土地资产收益造成了所得差异的扩大，因为只有“拥有者”才能够将升值的资产卖掉获得高额的售出利益。总之，在土地方面，由泡沫膨胀导致的分配也使得收入分配差异扩大。

**3. 对宏观经济的影响**

泡沫经济一旦形成，对宏观经济发展的危害很大。因为从泡沫经济演变历程看，大都以经济发展停滞衰退、引发金融危机等负面效应进行痛苦过滤和调整，日本在20世纪80年代繁荣期创造“日本神话”后将近10多年的经济停滞就是一个典型例子。泡沫经济对宏观经济的影响主要表现在以下几个方面。

(1) 经济增长停滞。泡沫经济由虚假的高盈利预期的投机带动，并不是实际经济增长的结果。它使经济中的虚拟成分高度膨胀，国民经济总量的增长含有很高的水分，某些领域和资产价格的迅速膨胀发展，扭曲了国民经济的比例结构，直接影响到国民经济的平衡运行。泡沫经济形成过程中的资金趋利流动，大量资金从社会上以及那些回报率相对偏低的实体经济部门涌向股市、汇市和房地产市场，导致这些行业急剧膨胀和虚假繁荣，社会资金供求出现失衡并直接引起资金价格的大幅上升，实体经济部门的发展往往因融资成本过高而萎缩甚至停滞，这种现象同时也发生在劳动力等资源市场，使社会资源配置方式发生扭曲，降低了资源配置效率，并直接阻碍实体经济的发展。而实体经济的萎缩和经济泡沫的最终破灭，必将以企业破产倒闭、社会失业率上升、资产严重受损、经济萧条等方式反映。日本泡沫经济破灭后，1992 年股票资产额与高峰期相比，整整减少了 230 万亿日元，土地资产额也减少了 100 万亿日元。从 1992～1995 年，日本国内生产总值的年增长率只有 0.6%，远远低于 1986～1990 年平均增长率 4.47%的水平，失业率和企业破产率都创了历史纪录。

(2) 金融风险和危机的形成。从发展的结果和案例看，泡沫经济与金融风险有必然的关系，虚幻的经济泡沫破灭会引发不同程度的金融风险，甚至出现金融危机。

泡沫经济的形成必须有两个基本的条件：一是大量的资本供给；二是存在过度需求。资本的大量供应对于单一国家或地区而言有两条渠道：内部大量剩余资金和外部资金大量流入，这都必须依托金融市场来实现。20 世纪后半叶以来各国泡沫经济的载体则主要集中在资本市场、金融衍生品市场和房地产行业。从内部资金供给和泡沫的形成关系看，银行等金融机构在高额利润驱动下，放松金融监管和金融审查，信贷过度扩张，大量资金流向上述高投机领域，导致投机活动猖獗，引发泡沫经济。然而虚假的繁荣必将破灭，市场价格最终会向价值回归。一旦泡沫破灭，在泡沫形成过程中发生的债权债务关系就难以理顺，大批个人或企业陷入困境甚至破产，通过债务链条直接影响到金融机构，给金融机构带来巨额不良债权，从而破坏金融系统运作，降低银行抗风险能力，引发信用危机——金融危机。以日本为例，泡沫经济破灭导致资产价格暴跌，不动产业者、生财术企业相继倒闭及其他企业财务陷入困境，银行等金融机构出现巨额不良债权。在巨额不良债权的压力下，从 1992 年起，发生了多家信用社倒闭。从 1994 年 12 月底至 1995 年 8 月，先后出现了东京协和信用社、安全信用社、宇宙信用社、木津信用社和兵库银行等金融机构的倒闭事件和挤兑风潮，特别是 1995 年 8 月初宇宙信用合作社的倒闭，使日本乃至全球的金融市场均为之震撼。接着 1997 年出现了北海道拓殖银行的倒闭及三洋证券、山一证券、丸庄证券的破产申请。

从外部资金供给与泡沫经济形成看，主要来自于国际游资的迅速流动。国际游资属于短期投机资本。国际金融市场自 20 世纪 70 年代以来的自由化、一体化趋势，使得资本的流动速度与规模达到空前。从全球金融危机的引发来看，发达国家在资本充足程度诱因上是双向的：国内剩余资金受利益驱动大量流向房地产、股票市场等行业，典型案例如 20 世纪 90 年代的日本；国外投机资金的大量流入。而就内部资金普遍处于短缺状态的发展中国家而言，则基本上都是由于外来资本的大量流入和抽离引发。从新兴市场经济国家泡沫经济的形成及其破灭过程看，国际游资在其中起到了推波助澜的作用。由于新兴市场经济国家经济增长较快，金融市场开放度较高，且在金融监管方面经验不足，使国际游资有了大肆进行投机牟取暴利的机会。因此，新兴市场经济国家往往比已经市场化的国家更容易染上泡沫经济，也更容易爆发金融危机。这是因为新兴市场大多数脱胎于落后经济，对财富极为渴望，容易被虚假繁荣所迷惑，有经济泡沫恶性发展的基础。新兴市场的成长速度很快，但其以社会契约为基础的信用机制则十分薄弱，市场制度很不完善，具有形成泡沫经济的土壤。同时，新兴市场国家在经济发展过程中，往往过分依赖外资，过早开放金融市场，结果容易受到外资的冲击，随即加速了泡沫经济的崩溃。对于那些实行相对固定的钉住汇率制或实际保持汇率名义值基本稳定汇率制度的国家，巨额外资的持续流入，形成经常项目逆差和资本项目顺差共存的脆弱的国际收支平衡，造成本币汇率的高估，加大经济调整的风险。泡沫经济崩溃，短期投机资本大量抽逃，出现实际有效汇率的大幅度下挫，冲击原有的固定汇率制度，酿成货币危机，货币危机与银行危机相互作用、相互影响，加剧金融危机的广度和深度。

## 二、泡沫经济破灭对世界经济的影响

随着金融全球化程度的不断加强，一国泡沫经济崩溃酿成的金融危机不仅对本国经济产生巨大的损害，还通过贸易、金融及心理等渠道，对周边国家甚至整个世界经济产生巨大冲击，形成区域性或世界性金融危机。

### 1. 一国金融风险的传染渠道

有关传染至今尚未有统一公认的定义，但传染一般是指金融风险或危机在一个区域内甚至全球范围内蔓延。传染渠道大致有三种：贸易渠道、金融渠道和心理渠道[16]。

（1）贸易渠道传染。这是一种传统的国际金融风险蔓延渠道。贸易渠道传染是指一个国家的危机恶化了另一个与其贸易关系密切的国家的经济基础，从而导致危机。这里又可分为两种情况：一种是“直接双边贸易”，另一种是“间接多边贸易”。“直接双边贸易”导致传染有三种机制：第一种机制是一个国家的危机导致的贬值使得该国商品的出口竞争力加强，对其贸易伙伴的出口增加而进口减少，导致贸易伙伴的贸易赤字增加、外汇储备减少，损坏了贸易伙伴的经济基础。这不但对一个国家的销售和产出有直接的影响，而且如果竞争力丧失到某一足够严重的程度，就能增加对汇率贬值的预期或导致对贸易伙伴国货币的攻击(可由第一、二代模型解释)。第二种机制是一个国家的危机导致的贬值使得其贸易伙伴的价格水平下降，导致贸易伙伴的消费价格指数下降，因而贸易伙伴国家的居民对本币的需求量减少。于是本国居民兑换外币数量增加，导致央行外汇储备减少，诱发货币危机。第三种机制是由于贸易伙伴的贬值导致自己的竞争力下降，本国失业率增加，政府期望采用扩张的货币政策因而导致投机者的冲击（第二代模型的解释）。“间接多边贸易型”传染是指一个国家的危机导致的贬值降低与其竞争同一国际市场的另一个国家的竞争力，诱发了投机者对另一个国家的货币冲击。

但是事实上，危机的连锁反应往往发生在数日内，如此快速的反应绝不是贸易联接所能实现的。这里金融渠道的作用已经超越了贸易渠道的作用并占据了主导地位。因此金融联接渠道已经受到更多的重视。

(2) 金融渠道传染。金融渠道传染，是指一个市场由于危机而引起的非流动性导致另一个与其具有密切金融关系——包括FDI、银行贷款、资本市场渠道等在内的市场非流动性，使得金融中介在后一个市场上出清资产。这里也有两种渠道：一种是直接型，一种是间接型。直接型是指，两个国家之间有直接投资联系，如泰国的经济危机导致其金融中介的非流动性，泰国的银行企业不得不从马来西亚、印度尼西亚撤资，这引发了马来西亚、印度尼西亚的泡沫经济崩溃；间接型是指，两个国家之间虽无直接投资关系，但均与第三国有联系，如日本的金融机构在泰国和印度尼西亚都有投资，由于泰国危机导致日本金融机构的投资损失，使得日本的金融机构调整其投资组合以降低风险，从而从印度尼西亚撤资，诱发印度尼西亚泡沫经济的崩溃。

危机通过金融渠道传染明显比贸易渠道反应要快捷。可金融渠道传染仍无法解释股票市场的同时波动。其实，股票价格的最初下跌往往是通过心理渠道传染的。

（3）心理渠道传染。心理渠道传染又称预期传染，是指即使不存在贸易、金融联系，不同国家之间的金融危机传染。由于市场是非有效的，人类认知存在偏差和局限性，同时每个参与者都拥有不同的私人信息。此外，代理人的损失和收益具有不对称性，这些因素导致了金融市场中的群体行为，即投资者普遍缺少证实传闻真实性的积极性而宁愿追随他人。一旦某一市场中出现危机，其他市场上的少数参与者对市场前景不看好，其他参与者便会纷纷仿效。不稳定因素便会急剧放大，促成另一起危机。

在传染效应上，金融危机被传染的程度取决于两国之间金融、贸易的密切程度。传染杀伤力度与被传染国金融体系的健全程度、金融市场的开放和管理程度以及汇率制度的灵活性、有效性有直接关联，金融体系越完善，金融主体安全性越高的国家被传染的程度会越小。金融危机传染的长度和时效，与区域内或国际社会的有效救援行为有直接关系。例如，1994 年的墨西哥金融危机，倘若没有美国的及时介入，持续时间和传染范围将更大，泡沫经济崩溃之所以会产生这么大的辐射效应，也与爆发之初西方国家和IMF采取观望态度及其后来IMF援助政策失误有很大关系。这说明，在金融全球一体化程度如此高的今天，金融危机传染力非常大，而阻拦传染的关键在于国际协调与合作，否则，观火者最终会被烈火灼伤。

金融危机在金融强势与弱势国家之间的传导效应，正在出现某些引人关注的现象。以往的金融危机，或者是在同类国家（如同处于金融强势的发达国家或同处于弱势地位的发展中国家）中传递，或者是单向传递（由金融强势的发达国家传递给弱势的发展中国家）。但近几次的金融危机开始出现双向传递趋势，金融弱势国家的危机也传染到金融强势的发达国家。从亚洲金融危机反映出来的现象就非常明显。这一方面说明泡沫经济的防范已不单是金融弱势国家的问题；另一方面，世界各国有责任尽快建立有效的国际协调防范机制[17]。

**2. 一国泡沫经济崩溃对世界经济的现实影响**

一国泡沫经济崩溃而引发的金融危机通过上述渠道传染，可能形成区域性或世界性金融危机，从而对世界金融市场结构和世界经济增长结构产生巨大影响，并影响世界经济增长速度。第二次世界大战以来，对世界经济产生全面而深远影响的是泰国泡沫经济的崩溃。下面以泰国泡沫经济为例来阐明泡沫经济破灭对世界经济的影响。泰国泡沫经济的破灭引发的危机席卷了菲律宾、印度尼西亚和马来西亚，波及新加坡、中国香港、中国台湾地区、韩国、日本和中国内地，危机在地域上的范围已远远超出了东南亚，将东亚及亚洲以外的许多国家和地区都包括在内，对世界经济产生深远影响。

（1）世界贸易增长大幅减缓。据世界贸易组织发表的年度报告统计，世界商品贸易出口量在经历了1997年10.5%的高增长后，1998年的增速剧降到3.5%，远低于1990～1995年世界平均6.0%的增长水平。1998年世界贸易总额为6.5万亿美元，其中世界商品贸易额为5.2万亿美元，比1997年减少了2%，这是1982年以来减幅最大的一年，也是继1993年后世界商品贸易额在进入90年代后的第二个下降年。服务贸易额为1.3万亿美元，比1997年减少了2%，是20世纪80年代中期以来的首次负增长[18]。

亚洲地区贸易的收缩是导致1998年世界增长放慢的主要原因。随着危机的加深和蔓延，包括日本在内的东亚地区经济普遍出现衰退，进口需求大大减少，出口贸易持续乏力，对外贸易额急剧萎缩。亚洲市场急速缩小，造成世界其他国家和地区对该地区出口锐减，这不仅使全球贸易增长速度放慢，而且贸易不平衡的新发展加剧了全球贸易保护主义思潮。

（2）国际金融市场动荡。由于投资者信心严重下挫，国际金融市场动荡加剧。菲律宾、马来西亚和印度尼西亚三国货币对美元汇率在1997年7月1日至9月15日分别下跌22.29%、17.58%、21.01%，股市在1997年8月1日至9月1日一个月内平均下跌27%。10月下旬开始，危机的冲击波遍及全球。10月23日恒生指数大跌1211.47点，跌幅达10.4%，创历史上单日下跌幅度的最新纪录。从10月中旬至年底，韩国股市下跌60%以上，韩元对美元汇率贬值近50%。阿根廷、巴西和墨西哥股票指数在10月22～27日下跌了20%。在欧洲和中亚，10月22～27日，俄罗斯、波兰和土耳其三国股市又分别下跌了26%、18%和12%。在西方发达国家，1997年10月下旬到11月，美国、加拿大、西欧和日本的股市也经历了全面的动荡。从总体看，1998年2月以后，全球金融动荡有所缓和，股市和汇市一度回升。但是在5月份以后，一些国家的金融动荡却迅速向危机演化，表现为日本金融危机、1998年的俄罗斯金融危机和1999年初的巴西金融危机，而这些危机则一次又一次地在全球引起震荡[19]。

(3) 世界经济增长速度下降。据国际货币基金组织2000年10月发表的《世界经济展望》报告，1998年世界经济增长率仅为2.6%，比1997年的4.2%大幅下降了1.6个百分点，是过去4年来世界经济增长首次下降，并创下过去7年来的最低纪录。1998年发展中国家经济增长率平均只有3.5%，低于1997年的5.8%；1998年的发达资本主义国家经济增长率为2.4%，比1997年的3.2%下降了0.8个百分点[20]。

发达资本主义国家经济增长率下降的主要原因，是亚洲金融危机效应逐渐扩散，导致东亚地区经济急速降温，日本和韩国因之出现较严重的衰退现象。

**注释：**

[1] 谢赤、吴丹．论股票市场对扩张性货币政策效力的影响及相应对策［J］．当代经济科学，2002（4）：23

[2] 王子明．泡沫与泡沫经济非均衡分析［M］．北京：北京大学出版社，2002. 127

[3] 王子明．泡沫与泡沫经济非均衡分析［M］．北京：北京大学出版社，2002. 129

[4] 王子明．泡沫与泡沫经济非均衡分析［M］．北京：北京大学出版社，2002. 128

[5]［美］多恩·布什等．宏观经济学［M］．北京：中国财政经济出版社，2002. 311

[6] 梁宇峰．股市泡沫问题研究［D］．复旦大学出版社，2001. 82

[7]［美］多恩·布什等．宏观经济学［M］．北京：中国财政经济出版社，2002.315

[8] 罗清．日本金融的繁荣、危机与变革［M］．北京：中国金融出版社，2000.52

[9] 罗清．日本金融的繁荣、危机与变革［M］．北京：中国金融出版社，2000.32

[10] 吴开兵．泡沫理论与泡沫经济［D］．上海交通大学出版社，2000.65

[11] 吴开兵．泡沫理论与泡沫经济［D］．上海交通大学出版社，2000.70～71

[12] 陈学彬等．当代金融危机的形成、扩散与防范机制研究［M］．上海：上海财经大学出版社，2001.415

[13] 孙执中．日本泡沫经济新论［M］．北京：人民出版社，2001.48～49

[14] 孙执中．日本泡沫经济新论［M］．北京：人民出版社，2001.40

[15] 徐滇庆等．泡沫经济与金融危机［M］．北京：中国人民大学出版社，2000.24

[16] 冯芸、吴冲锋．金融市场波动及其传播研究［M］．上海：上海财经大学出版社，2003.38～40

[17] 郁方．金融癌症——全球金融风险与秩序重整［M］．广州：广东人民出版社，2002.78

[18] 参考《世界经济年鉴》(1999 年)

[19] 王德祥．经济全球化条件下的世界金融危机研究［M］．武汉：武汉大学出版社，2002.93；100～101

[20] 参考《世界经济年鉴》(2000 年)

# 第七章　泡沫经济的防范与治理

在泡沫经济的防范与治理上，应根据泡沫经济所处的阶段分别采取相应的措施。在泡沫经济形成前，要对引发经济泡沫产生和膨胀的各种可能性予以消除，防范经济泡沫演变成泡沫经济；在泡沫经济形成和繁荣阶段，要积极主动地进行治理，尽可能缩短泡沫经济的持续时间，以降低泡沫破灭对经济的破坏程度；在泡沫经济破灭阶段，要及时治理，将危机造成的损失降到最小。在政策思路上，防范重于治理。

## 第一节　泡沫经济的防范

根据前面的分析，泡沫经济的形成离不开经济泡沫的微观生成和宏观环境支持下的经济泡沫膨胀，在泡沫经济的防范上，要相应地从微观和宏观两个方面同时采取措施，对在经济、金融运行中引发经济泡沫产生和膨胀的可能性予以消除。微观上，约束投资者的非理性行为，营造公平竞争的市场环境，培育理性投资，尽可能减少投机泡沫的出现。宏观上，加强金融监管，严格监督银行资金和国际资本的流动，同时加强国际协调和各国政府宏观调控，促进各国经济均衡发展，有效引导资金合理、有序的流动，切实抑制经济泡沫的膨胀或者缩短经济泡沫的持续时间，以阻止经济泡沫演变成泡沫经济。

## 一、培育理性投资

### 1. 加强对投资者的教育

（1）树立正确的价值观。自从亚当·斯密的《国富论》问世以来，他所倡导的自由市场经济被认为可以无限地、不断地增加财富和提高生活水平，经济增长使人们相信福利事业可以不断的进步，这种信念在现代人中占主导地位[1]。不论是普通老百姓还是政治家都认为，高增长率是国力强盛的象征，是取得选民支持的“通行证”。于是政府认为经济政策的主要目标是促进财富的创造，财富的增长也作为个人成功的标志，随着市场经济的不断推进，物质主义越来越成为人们根深蒂固的价值观。例如，在1974年对美国居民进行的一项民意调查中，问及这样一个问题：“就你个人而言，你认为下列哪些因素是幸福生活的重要组成部分?”当时有38％的被调查者选择了“有许多钱”；到了1994年，高达63％的被调查者选择了“有许多钱”[2]。物质主义带来的对财富的不断追求、对金钱的崇拜，不可避免地诱惑人们去追求一种能够快速致富的途径，而那些在股市和房地产市场中一夜暴富的传说吸引着无数的人加入投资者甚至是投机者的行列，激发了人们对股票和房地产的需求，往往导致泡沫的产生。然而，全体参与竞争的结果是，利润最大化的愿望只能是空中楼阁，因为来自于生产过程中的利润是有限的。

物质主义的投资者可能不顾伦理道德，蔑视法律法规，不择手段快速谋取利润，不是把资金、精力投放在物质生产上，而是用于市场投机，造成实体经济与虚拟经济不成比例的畸形发展，巨大的虚拟财富仅有微小的实际产出作支撑。

作为一国政府，应该倡导和鼓励从事物质生产、反对投机的良好氛围，让全民通过从事物质生产来谋求利润最大化，而不是投机利润最大化，要大力发展实体经济，以夯实虚拟经济的运行基础[3]。

(2) 强化风险意识。投资者之所以忽视股市和房地产市场的风险，主要受媒体过多渲染股市和房地产市场暴富事例的影响，也与政府的救市行为有关。卡尼曼和特维尔斯基（1973，1982）的研究表明：由于认知上的“启发性法则”，投资个体对预测的直觉性使他们倾向于对一些醒目的信息过分关注，而轻视不醒目的信息。此外，阿罗（Arrow，1982）在总结了卡尼曼和特维尔斯基的研究成果之后进一步认为：对现有信息的偏激反应存在于所有的证券市场和期货市场。鲁塞尔·富勒（Russell J. Fuller，2000）发现尽管有80%的投资者能够对信息做出正确的反应，但仍然有10%左右的投资者存在着明显的反应过度或者反应不足[4]。由此可见，充斥于媒体的暴富事例使投资者产生启发性偏离，从而忽视风险的存在。其实，高收益资产必然存在高风险（见图7.1）。那么，政府的宣传媒体不宜过多地渲染暴富的案例，同时也须介绍投资失败的事例，让投资者对每一类资产的风险有一种客观的认识和判断。

目前，有些国家的救市行为主要体现在股票市场。基于股票市场在国民经济中的重要地位，当股市出现大跌时，一些国家政府或明或暗地托市，阻止股市继续下挫，这里姑且不谈政府以保护投资者利益为旗号来保护既得利益集团。投资股市是有风险的，并且有高风险，这种高风险应该由投资者自己承担，如果政

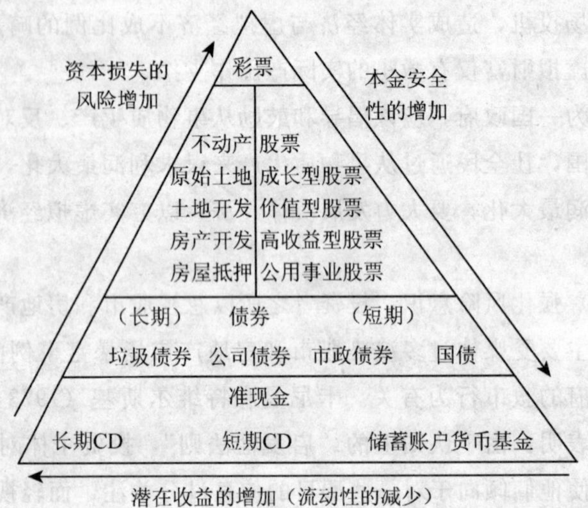


**图 7.1 "金字塔"形层状结构的资产组合**

资料来源：Hersh Shefrin，2000，Beyond Greed and Fear

府出面来承担部分风险，必然使得投资股票的风险与收益不对称，投资者只要冒较少的风险便可获取较多的收益，无疑是鼓励投资者将大量资金投资于股市，推动股市泡沫膨胀，贴有政策标签的我国股票市场多次出现巨幅震荡，是政府频繁干预的结果。依据投资者行为理论，由于投资者普遍存在投资心理的"过度自信"、"过度恐惧"等偏差，群体行为的偏差导致市场产生过度反应，其后，市场会按规律纠正偏差，向均衡与理性回归。政府适当合理的调节必不可少，但调节的频率与强度不可过大，必须通过市场来约束投资者的非理性行为，让投资者为其非理性行为付出一定的代价。

可见，强化投资者的风险意识，不仅需要有关媒体对风险与收益进行客观的宣传，也需要政府减少救市行为，真正让投资者对风险与收益有一个现实的认识和体会。

（3）加强素质教育。众所周知，任何未来的事件均具有不确定性的特征，在处理未来事件的决策问题时，不同的投资者会有不同的投资决策，并且不同的投资者最终会获得不同的收益或亏损，之所以出现不同的结果，在于不同的投资者所建立的投资决策行为是以自身的知识与信息状况为背景的。随着信息技术的快速发展，信息传播速度越来越快，信息传递渠道也越来越宽广，广大投资者能及时和便利地获取大量的信息，个人投资者和机构投资在信息拥有上的非对称状况大为改观，特别是在政府规范市场行为和完善信息披露制度的前提下。由此看来，投资者自身的知识已逐渐成为影响决策优劣的首要因素，投资者的知识水平越高，独立决策能力就越强，盈利水平就相对要高些。事实可以证明，在股票市场盈利的大多是机构投资者和投资专家，承担亏损的是那些专业水平低而经常跟风的普通投资者，而正是普通投资者的跟风行为造成了泡沫的不断膨胀。

对投资者加强素质教育，是要提高投资者的专业水准和判断决策能力。开展素质教育，不仅要让投资者尤其是个人投资者接受证券投资、房地产投资等基础知识的培训，还要强化投资者在更高层次的理论学习，如财务知识的培训、聘请专家学者开设宏观政治经济形势等方面的讲座，更重要的是，必须使投资者接受投资心理学的教育，通过典型案例剖析，让投资者了解各类非理性行为产生的根源和危害，以及违规机构对投资者心理偏差的利用，从而在投资活动中自觉防范各类欺诈和风险。

**2. 完善信息披露制度**

信息对称、透明和及时准确是市场充分竞争的重要前提。信息分为宏观信息和市场信息，完善信息披露制度要从两方面着手：一是完善宏观信息披露制度；二是完善市场信息披露制度。

(1) 完善宏观信息披露制度，提高政策透明度。公开宏观经济政策信息，提高政策的透明度。充分准确的信息既有利于投资者全面了解情况，做出正确的决策，避免盲目投资而导致经济泡沫，维护市场稳定；也有利于国际经济组织全面而准确地掌握各国的经济金融状况，协调全球经济发展。需要公开和提高透明度的信息包括财政政策、货币政策、各地房地产成本、中央银行可用储备的情况、远期债务、商业银行的外汇债务以及金融部门状况、银行部门的贷款标准和用途等，还包括一国的司法制度、金融监管条例、与破产有关的法律和程序等。

(2) 完善市场信息披露制度，增加市场透明度。在多数情况下，市场参与者都具有不同程度隐瞒或修改市场信息的动机。信息的不透明会限制市场正确评估信息的能力，造成资产的错误定价和泡沫的产生，促进投机性行为的蔓延，这在股票市场表现得十分明显。要完善信息披露制度，增加市场透明度，应努力做到以下几点：①尽一切努力加大执法力度，迫使市场参与者披露其真实可靠的信息。②使外部审计师发挥更大的作用，更多地注重债务人未来支付能力的预测，而不是对过去的情况和传统审计。③统一审计标准和方法（包括国内和国际），使审计有据可依，容易比较和鉴别。④利用其他市场参与者的力量提高信息质量，如由信息评级机构和其他市场分析家来评价金融机构的稳健性。⑤最重要的是，对人为隐瞒真实信息、制造虚假信息、利用内幕信息牟取不公平的暴利行为采取必要的法律手段予以制裁[5]。

**3. 杜绝市场操纵行为**

政府应禁止投资者操纵市场，造成虚假的涨势、跌势诱使他人售出或买进某种资产来牟取暴利的不正当行为，因为市场操纵行为破坏了交易的公平、公正、公开原则，损害了公众的利益。对股票市场而言，操纵市场的投资者一般是股市中的主力机构(简称庄家)，尽占资金、人力、信息、工具、舆论的优势，他们能够主动、积极地认识市场和进行操作，把自己控制的某种股票价格拉起来，使这种股票价格远远高于它的合理价位，人为地制造泡沫，然后利用机会出货。庄家的筹码派发完毕后股价没有人去维持，便开始下跌，形成股价泡沫自然破灭的过程。主力的坐庄过程大体上可以分为吸筹、洗盘、拉抬、整理、拔高、出货几个阶段，是一个相当长的过程。市场操纵主要有三种方式：基于行动的操纵、基于信息的操纵和基于交易的操纵。基于行动的操纵是指操纵者采取的行动改变了资产的实际（或可观测）价值，从中渔利，其中两个典型方式是市场囤积和市场逼空。基于信息的操纵指通过发布虚假信息或传播流言飞语来影响市场价格。基于交易的操纵是通过买卖交易来影响股票价格，没有采用任何公众可察觉的行动来改变公司股票的价值，也没有散布虚假信息。虽然市场操纵在任何国家的《证券法》中都是明文禁止的活动，但仍存在有令不行、有禁不止的现象，况且基于交易的操纵难辨别，也就无法禁止。因为市场交易是以匿名形式进行的，对于监控者或者其他投资者来说很难直接观测到具体哪笔交易含有操纵动机[6]。

因此，政府要组织力量研究基于交易的操纵，同时加大执法力度，切实杜绝市场操纵行为，营造一个公平竞争的市场环境。

## 二、加强金融监管

长期以来主流经济学理论和政策一直主张自由市场经济和资本自由化，担心监管控制会导致市场经济的变质。然而，现实金融领域市场失灵是一种普遍现象，如银行业管制的放松和国际资本自由流动，出现了大量资金流向股市和房地产业，在合适的条件下形成泡沫经济，可是泡沫经济崩溃往往导致银行业危机和货币危机，甚至区域性或全球性的金融危机。因此，为预防经济泡沫膨胀或泡沫经济的形成，有必要加强金融监管，有效监督银行资金和国际资本的合理、有序流动。加强金融业的监管，一是要加强银行业的监管；二是要加强国际资本流动的监管。

**1. 关于银行业的监管**

从银行业的公共属性来看，必须有一定的规则和措施来约束、监管它的运行，以将其对社会公众和社会经济发展的危害减到最小，银行业有必要引入监管的原因在其外部效应。其外部负效应不仅体现为债权债务链条的断裂，从而给工商企业和社会公众带来巨大损失，而且这些又反过来造成金融体系的混乱，并殃及社会的稳定。当银行业监管放松时，可能会出现银行资金大量进入股市和房地产业，促成股市泡沫和房地产泡沫膨胀，最终影响银行业的稳定。

(1) 银行资金大量进入股市和房地产业的后果。在各国泡沫经济形成过程中，都有大量银行资金进入股市或房地产业。在日本，从不动产抵押贷款在全国银行的贷款余额所占的比例来看，1984 年为 17%，以后其比例一年比一年高，1987 年以后达 20% 左右[7]。另外，股票等有价证券抵押贷款的比例本来处在较低水平，1984 年只不过 1.5%，以后逐年上升到 1988 年的 2.5%[8]。1986 年前后开始的地价和股价的上涨导致放款时借款人的抵押能力的增强和账外资产的增加，从而促进了不动产抵押贷款和有价证券抵押贷款的增加。泡沫经济崩溃后，银行出现了巨额不良债权。东南亚各国和地区银行体系对房地产部门的贷款很多。表

7.1是J.P Morgan集团对亚洲几个国家和地区银行体系在1997年底的房地产贷款风险的估计。中国香港、新加坡、马来西亚和泰国银行体系对房地产的贷款比重非常高，而菲律宾和韩国银行对不动产贷款比重相对较低。但韩国银行的资产组合中的债券和其他证券的构成却占有很大比重，几乎达到了20%。另外，我们也能看出东亚各国银行的房地产风险贷款不仅反映在房地产贷款比重的数量上，也还表现在它们对房地产贷款抵押物价值的过于乐观的估计上。在受危机冲击最深的4个国家中，其银行体系对抵押物价值的评估在资产面值的80%～100%之间，这就使得银行在抵押资产价值受到外部冲击出现缩水时特别脆弱，极易导致不良资产的大幅度上涨，诱发银行危机[9]。

**表7.1 1997年底东亚国家及地区银行系统的不动产贷款风险**

单位：%

| | 不动产贷款比重 | 抵押物估价 | 呆账 | 资本比率 |
|---|---|---|---|---|
| 韩国 | 15～25 | 80～100 | 15 | 6～10 |
| 印尼 | 25～30 | 80～100 | 11 | 8～10 |
| 马来西亚 | 30～40 | 80～100 | 7.5 | 8～14 |
| 菲律宾 | 15～20 | 70～80 | 5.5 | 15～18 |
| 泰国 | 30～40 | 80～100 | 15 | 6～10 |
| 新加坡 | 30～40 | 70～80 | 2 | 18～22 |
| 香港 | 40～55 | 50～70 | 1.5 | 15～20 |

资料来源：Corsetti，J.，Pensetti，P and Roubini，N.（1998a）

（2）加强银行业监管的基本原则。各国监管当局应参照巴塞尔委员会于1997年9月公布的《有效银行监管的核心原则》，在执行监管时遵循以下基本原则[10]：第一，监管主体的独立性原则。监管主体的独立性分为对内独立和对外独立。一国要预防泡沫经济，必须强调对内独立。对内独立是指对一国金融监管部门是否能独立地执行对境内金融机构的监管职责，独立执行的含义是严格执行监管法规，不受其他政策变动或环境的影响。一国政府必须在立法上规定参与银行监管的每个机构享有操作上的自主权和充分的资源。第二，依法监管原则。银行必须接受监管当局的监督和管理，银行监管必须依法进行，不能有侥幸心理，不能流于形式，对违法者予以严惩，只有这样才能保持监管的权威性、严肃性、强制性和一贯性，才能保证它的有效性。第三，“内控”与“外控”相结合的原则。不同国家的监管风格不同，有的国家倚重法规管理，有的国家则倚重道义劝告式的管理和金融机构的自律。但要保证监管的及时和有效，客观上需要“外控”与“内控”有机配合。必须要求银行建立和完善内部控制制度，不仅要严格监控自身的贷款流向，还需监控非银行金融机构的资金流向，在直接和间接渠道上监控资金的流向和流量。第四，共同监管的原则。金融全球化的背景下，跨国银行日趋增多，规模日益扩大，其经营活动超越了一个民族国家的地域限制，因此，有必要协调及加强母国和东道国的共同监管。

(3) 加强银行业监管的具体内容。第一，对市场准入的监管。新银行机构的入市会加剧竞争，提高银行业的效率，但会增大金融风险。在市场需求没有大幅增长的情况下，新机构的过量进入必然会导致行业的平均盈利水平降低，使得一些银行出现道德风险和逆向选择行为。加强市场准入监管的作用：一是限制恶性竞争，维护公平竞争，保证市场进入者具备相似的经营条件；二是严格的审批程序增加了申请人的沉淀成本，促使其在进入后稳健经营，减少银行机构短期行为发生的可能性。第二，对资产分散度的监管。许多国家监管当局将监督检查的重点放在银行的业务合规性、资本充足性、资产质量、流动性、盈利性、管理水平和内部控制等方面，缺乏对资本分散度的监管。高风险、高收益的贷款对银行总是有吸引力的，因此有必要对银行的贷款风险进行控制，避免风险集中于股票、房地产等风险资产上。具体措施：①规定股票、房地产的抵押贷款占银行总贷款的比率不超过一定的比例。②股票、房地产的抵押率不能定得太高，可确定为市场价格的50%～60%之间，在价格暴涨时期，适当调低抵押率。③要求银行对非银行金融机构做好监督检查工作，限制银行贷款通过非银行金融机构大量流向股市和房地产市场。第三，对信息披露的监管。由于银行与监管当局之间存在信息不对称，银行比监管当局更了解自身的业务经营状况，因而可能滥用自己的信息优势，逃避监管当局的监管。监管当局有必要对银行的信息披露做出硬性规定，要求银行定期对资本充足率、资产质量、管理水平、盈利状况、资产流动性、资产分散度、贷款抵押率等指标做出准确的披露，以便监管当局进行非现场稽核和现场稽核。

**2. 关于国际资本流动的监管**

对资本自由流动的监管控制问题是各国争论的焦点。亚洲金融危机和俄罗斯金融危机等均是因国际资本流动不稳定而引发危机的典型案例。这使得危机中受损严重的亚洲国家和地区与其他发展中国家一致主张加强对国际资本，特别是短期国际资本流动的控制。

除屡受国际资本冲击的发展中国家外，IMF和一些发达国家也提出对资本流动进行控制和管理的建议。IMF的一些官员主张逐步收回对交易所和货币的控制权。日本主张对短期资本尤其是套利基金实行严格限制。而作为对冲基金发源地的美国则坚决反对资本流动实行控制，其理由是：如果限制资本自由流动，将使外国投资者对未来丧失信心，引起连锁反应，而且控制资本流动将会导致贿赂之风盛行。有人主张采用对外汇交易实行征税的办法来限制资本流动，问题是如果税率定得太高会严重影响国际资本的流动，定得太低又起不了在发生危机时阻止投机的作用[11]。

尽管在国际资本自由流动的监管控制上存在分歧，可国际资本直接流入或者通过银行中介流入一国资产市场，加剧了泡沫膨胀，更易出现泡沫经济，因为可动员的资金规模增加了。外资的不断流入取决于其在母国融资的利率水平和投资于东道国的收益率。如果资产价格增长率减去风险贴水和融资的利率水平大于零，外部资金就会持续地投资于东道国的资产市场，否则就会撤走资金。即使外部资金都进行生产性的直接投资，也会刺激总需求的上升，从而加速泡沫膨胀和泡沫经济的繁荣。如果一国的股票市场规模相对较小，即使工业化国家一个大机构投资者资产的一小部分购买股票，也是一笔巨大的资本供给，将不可避免地直接导致该国股票价格发生明显的上涨。以泰国为例，据 IMF（1996 年）的研究结果显示，国外投资者对泰国股票的购买与本币的收益率呈明显的正相关。回归统计的结果表明，国外投资者向其股票市场投资每 10 亿泰铢的资金，泰国股票交易所的月收益指数就增长 0.4%。按照这个比例，1993 年流入泰国的 26.8 亿美元资金可以使泰国股票月收益指数增长 27%[12]。

如何在既能保证资本充分流动的基础上又能实现有效控制，这确实是一个世纪难题。需要国际金融组织和各国监管机构在进行充分研究和协调基础上逐步形成有效的管理规则。发达国家和发展中国家应平等参与国际资本流动和国际金融运行规则的制定，以规范国际金融市场行为，保证国际资本的自由和有序流动。

根据历史经验，对国际资本流动的监管应分以下几个层面来进行：第一，监管的重点应是短期投机资本，监管对象是对冲基金等投机者。应逐步建立全球性和区域性大额资本流向监控系统，可采取建立资本冲击压力指数并定期发布预警报告，尤其是对投机基金能够操纵而可能会冲击的市场。避免因信息不对称而导致的冲击，逐步解决在国际金融市场上对冲基金始终处于主动地位，而投资者和各国中央银行总是在被动挨打的局面。第二，金融体系脆弱的发展中国家应慎重开放资本市场，对短期资本流入应实行严格控制，对资本流入去向也应加以引导控制，鼓励资金流向生产性领域。第三，对证券市场、外汇市场和衍生品市场的投机资本，要考虑实行征税的方式进行控制。托宾税提出后在国际金融界曾引起很大争议，反对的呼声也很高。事实上，对于国际投机资本完全有必要采取适当的税收等方式加以控制，直到找到更好的解决方式。第四，可以参考智利政府的做法，对国际间接投资提取一定比例的准备金，准备金没有利息地存放在该国中央银行一定时间，以避免短期资本频繁进出。

加强金融监管，采用“堵”的手段，达到两个目的：一是抑制泡沫的膨胀；二是削弱泡沫破灭时对银行系统的危害。

### 三、加强国际协调和政府的宏观调控

在开放经济条件下，泡沫的膨胀和泡沫经济的形成是由于资金集中流入经济增长较快的一国或数国的股票市场和房地产市场的结果，其根源是世界性的生产过剩和资本过剩。20 世纪 80 年代以来，由于长期的相对和平年代、人类寿命的延长和技术进步三个因素的作用，使全世界的生产能力迅速提高，而消费则相对

疲软，世界经济进入相对过剩时期，这种经济过剩主要表现在两个方面：生产能力的过剩和资金的过剩。生产能力的过剩导致资金的过剩，资金的过剩会出现利率的下降，如 20 世纪 90 年代发达国家的年平均存款利率水平与 1980 年相比明显下降，特别是从 1993 年开始，下降幅度更为明显。大量过剩资本游离于产业部门之外，据美国证券数据公司统计，1993 年全球流动的私人资本达 3 万亿美元，是 1990 年的 3 倍[13]。随着虚拟经济的发展，过剩资本进入了股票市场、房地产市场和外汇市场等，使市场价格发生了严重的扭曲现象。因此，要抑制泡沫的膨胀和泡沫经济的形成，国际协调和一国政府宏观调控必不可少，宜采用“疏”的手段引导资金分流。

**1. 完善国际协调机制，促进全球经济均衡发展**

当代世界是由不同社会制度、不同发展阶段、不同发展水平的 170 多个国家和地区组成的有机整体，世界经济的发展是很不平衡的。世界经济发展不平衡，是指世界各国经济力量增长的不平衡和各国经济实力发展的不平衡。这种不平衡既包括发达国家发展不平衡和发展中国家发展不平衡，也包括各类国家之间发展的不平衡。世界经济发展不平衡，决定了资金流向的不平衡，全球流动的私人资本往往流向经济增长速度较快的国家，形成“资金灾”；经济增长速度较慢的国家很少有私人资本的流入，出现“资金荒”。20 世纪 90 年代上半期经济快速增长的东南亚国家及下半期出现新经济的美国有大量的外资流入，吹起了东南亚国家的股市泡沫和房地产泡沫以及美国的科技网络股泡沫。为遏制国际私人资本的大规模非均衡流动，除加强国际资本流动的监管外，还需全球经济的均衡发展，特别是缩小发展中国家同发达国家的经济差距，通过完善国际协调机制促进广大发展中国家的经济发展，进而增加全世界的有效总需求，减缓资金的过剩，避免资金集中流向少数几个国家。完善国际协调机制的内容主要包括如下几个方面：

(1) 促进资金、技术向发展中国家转移。为促进资金、技术向发展中国家转移，应当采取的主要措施包括：扩大发展中国家在IMF、世界银行的份额，增加对它们的贷款；坚持并积极督促发达国家提高ODA占援助国GNP的比率；扩大区域性开发银行和投资公司的资本，并在其中增加或新设专门对发展中国家投资的发展基金；鼓励对发展中国家的私人投资，建立全球及地区性的多边投资保证机构，向发展中国家的外国投资者提供风险保障，协助发展中国家制定有利于吸收外资的政策；修订《保护工业产权巴黎公约》和相应的工业产权制度，改变其中不合理的国际专利制度；尽快完成《国际技术转让行动守则》，约束跨国公司技术转让行为，纠正技术转让中各种不合理的商业习惯和过高定价，发达国家政府应通过减少技术转让限制，简化转让手续，采用科技合作与交流计划及技术援助等方式，推动向发展中国家的技术转让。

(2) 改善发展中国家的贸易条件。具体措施包括：维护发展中国家初级产品出口利益；要求发达国家进一步对发展中国家产品特别是工业制成品开放市场，提供单方面的贸易优惠，扩大和改善普惠制的作用，取消对发展中国家的进口数量限制和对劳动密集型产品的补贴；尽可能降低贸易集团的排外性。

(3) 建立有效的国际收支政策协调机制。目前国际收支调节中存在两种非对称状态，使发展中国家处于十分不利的地位，因为一旦发展中国家出现国际收支逆差，必须承担减少进口、压缩投资和消费、降低经济发展速度的巨大经济压力。为改变国际收支调节的非对称性，应适当增加储备货币国和顺差国的调节责任。新的调节机制必须充分发挥 IMF 的作用，以 IMF 为中心加以完善[14]。

**2. 加强经济调控，保持一国经济均衡发展**

即使世界经济平衡发展，没有外资的大规模集中流动，一国也会因区域经济发展不平衡或者产业结构不合理而出现国内资金流向某一地区或某一领域，促成地产泡沫或股市泡沫膨胀，在货币供给大量增加的条件下，甚至形成泡沫经济。一国政府的经济调控应包括以下三个方面：

（1）促进一国区域经济均衡协调发展，调控资金和人口的有序流动。一国区域经济发展不平衡，会出现资金和人口的不均衡流动，一般资金和人口从经济落后地区流向经济发达地区和中心城市，往往会导致经济发达地区和中心城市房地产泡沫膨胀。这些地区房地产泡沫的膨胀具有扩展效应，带动周边地区乃至全国房地产泡沫膨胀。例如，日本 20 世纪 80 年代中后期地价上涨的导火线是 1983 年开始的东京市中心商业区地价的上涨，东京市中心商业用地价格的上涨又波及该地区和邻近地区的高级住宅。1987 年，东京圈的住宅用地和商业用地，与上一年价格相比，分别上升了 47.7％和 49.0％，在东京都市区还出现了分别上涨 130.8％和 129.3％的现象。1988 年虽然东京都市区的上升率比上一年下降，但在东京周围地区，如千叶县、琦玉县、神奈川县的上升率比上一年要高，结果东京圈的商业地价和住宅地价，与上一年的价格相比，分别上升了 54.5％和 42.1％，比 1987 年的上升率还要高。根据日本国土厅 1988 年的“地价公告”，各个地区从 1983～1988 年 5 年期间的地价变动由于地区不同差别很大。这期间东京都地价大约上涨了 200％，大阪上涨了 38％，名古屋上涨了18%，而在北海道、四国、东北地区地价上升率不到10%。当泡沫破灭时，1991年全国地价比上年下降4.6%，六大城市下降了15%～25%[15]。

促进区域经济协调发展，一是缩小经济发达地区与落后地区、城市与乡村之间经济增长上的差距；二是加强经济落后地区和乡村的基础设施建设，为当地居民营造一个良好的居住环境；三是对城市用地、乡村用地制定差别税率，鼓励投资者开发落后地区及乡村的土地资源，这些措施的目的是调控资金和人口的有序流动。

(2) 优化产业结构，增加投资机会。优化产业结构，增加投资机会，这是从资金源头上预防泡沫的有效措施。一方面，由于资产泡沫往往是由过度投机引起的，而投机的目的是追求利润，这一点和投资并无本质差别；另一方面，产生大规模资产泡沫的投机行为需要巨额投机资金的支持，而投机资金和投资资金共同来源于国民储蓄——在国民储蓄一定的情况下，用于投资的资金越多，则转变为投机资金的就越少。因此，在投资机会增加时，国民储蓄就会有更大的份额转化为投资资金，同时转化为投机资金的份额就会减少。随着经济货币化和金融资产的迅速扩张，传统产业中投资的机会变得越来越少，这就促使资金进入投机领域，并逐步转变为脱离实际生产过程的游资。巨额游资的存在已经成为导致大规模资产泡沫的原因。因此，为了预防大规模资产泡沫，必须从资金这个源头入手，分流投机资金。而要达到分流投机资金的目的，则必须优化产业结构，开辟新的高回报投资领域，为投机资金分流创造投资机会。只有机会增加了，投机资金才可能找到投资的出路，最终达到减少投机资金、预防泡沫的目的。

（3）加强宏观经济调控，保持经济均衡发展。即使在市场行为规范的正常情况下，如果政府制定的经济政策，如货币政策、财政政策、汇率政策等不合理，也同样可能会导致一国经济失衡，导致经济泡沫及泡沫经济的出现。例如，某国政府在汇率瞬息万变的国际金融环境下为使本国的贸易和投资有一个相对稳定的金融环境，以此促进经济发展，实行某种形式的固定汇率制。假定制定固定汇率之初，汇率水平是适当的，稳定货币环境可以有力地促进该国经济发展。但是，随着国内外经济、金融形势的变化，当该国利率远高于他国利率时，可能导致大量套利资金的涌入，虽然资本项目下的短期顺差一度掩盖了经常项目逆差对国际收支平衡的影响，可这些套利资金直接或间接地进入该国股市或房地产市场，引起泡沫膨胀。一旦出现外部冲击，套利资金大量抽逃，最终则可能导致泡沫破灭及固定汇率制的崩溃。再例如，在经济景气时期仍然实行扩张性的货币政策，就可能导致大量货币流向投机性较强的房地产及股票市场，从而导致资产泡沫的膨胀。20 世纪 80 年代中后期发生在日本的泡沫经济就是这方面的一个典型案例。

因此，只有通过调控货币政策、财政政策和汇率政策，使之适合经济发展的实际情况，才能在经济形势发生变化后在新的经济环境下建立新的经济均衡，防止资产泡沫的膨胀，从而达到防范金融危机的目的。

第一，关于货币政策。货币政策一般是指中央银行利用其掌握的金融控制工具，通过影响货币基数、货币乘数，从而影响货币供给，达到调节货币供求，并影响其他经济变量，实现宏观经济目标的政策。为使货币政策有效实施，应注意以下几点：①保证货币政策的独立性。货币政策的独立性又分为对内独立和对外独立。对内独立上，法律上应授权中央银行管理国家信贷，掌管国家货币政策的权力，并在机构和职能两个方面将这种独立性和权限予以保障。对外独立上，在维持内部均衡与外部均衡之间，优先考虑内部均衡。②货币政策操作应考虑股票市场和房地产市场这一重要因素。中央银行的货币政策操作应同时关注股票市场和房地产市场价格的波动及一般物价的波动，即使一般物价保持不变，当经济增长与资产价格的稳定发生冲突时，宁可放弃经济增长，也要维护资产价格的稳定。③进一步改进和完善现行的货币供应量统计制度，以适应经济发展的新变化。现行的货币供应量统计只反映对实体经济的货币供应状况，建议对货币供应量统计口径进行调整，增加 $M_3$ 层次，以全面反映全社会资金运行的全貌，也有利于中央银行正确判断实体经济运行状况与股票市场运行的差异及其对信用规模的影响，从而准确地把握货币政策调控的方向和力度。④增强货币政策的透明度。中央银行应在每年年底预先向公众颁布次年货币增长率指标及货币增长率的计算方法，以赢得公众对货币政策的信赖和支持[16][17]。

第二，关于财政政策。在现代市场经济国家中，财政政策被作为需求管理的重要工具，用来实现既定的政策目标，其实也可被用来抑制经济泡沫向泡沫经济演变。财政政策是指一国政府利用政府支出和税收的改变以达到影响经济和控制市场实现经济发展的目标。当经济繁荣时期，针对经济泡沫过度膨胀出现的有效需求增加，政府要运用紧缩性的财政政策来抑制总需求。紧缩性的财政政策是指政府减少支出和增税的政策。政府减少支出有利于抑制投资。增税，一方面提高资本收益税和房地产交易税，抑制股票市场和房地产市场的过度投机，使资产泡沫收缩；另一方面，增加所得税，可以使个人可支配收入和企业收入减少，从而降低消费和控制投资。紧缩性的财政政策削弱了经济泡沫膨胀对总需求的刺激作用，通过压抑总需求，可以避免虚假繁荣经济的出现。

第三，关于汇率政策。汇率政策是一国货币当局对汇率制度的选择。历史上固定汇率制度和浮动汇率制度曾经交替出现过，呈现出从固定汇率体系到浮动汇率体系又到固定汇率体系再到浮动汇率体系的反复现象[18]。目前固定汇率制度和浮动汇率制度是并存的，大多数国家实行的是浮动汇率制度，少数国家实行固定汇率制度，这两种汇率决定制度各有其优、缺点，但当一国面临巨额资本流入和经济过热的风险时，更为灵活的汇率制度有助于缓解资本流入的压力，并可以提供需要做出国内政策调整的早期预警信号。许多发展中国家在过去选择盯住汇率制有其内部制度上和外部环境上的特殊原因，并且在一段时期内盯住汇率制确实为这些国家经济的发展发挥了重要作用，但随着内部制度（金融自由化）和外部环境（经济增长的非同步性）的变化，可能会出现资本大规模流入的现象，导致实际汇率升值和资产泡沫的膨胀。此时，一国政府须适当地调整汇率制度，转而采用有一定弹性的浮动汇率制，并确定一个有一定幅度的汇率目标区，以降低投资者对名义汇率保持不变的预期；同时，严格监控资本流动数量和结构上的变化，避免资本异常流动引起外汇市场的过度波动。

在理论上，上述措施在一定程度上可以预防泡沫经济的形成。然而，在现实经济生活中，泡沫经济的出现往往在所难免，有时甚至在一国内反复出现，如墨西哥在 20 世纪 80 年代、90 年代分别出现过一次。之所以这样，原因是多方面的，其中最主要的原因有两个：一是人性的贪婪无法改变[19]。受贪婪的支配，一些投资者及相关利益集团蔑视社会公德和国家法律、法规，搅起一次又一次投机狂潮，推动泡沫膨胀及泡沫经济的形成。二是政策制定者乐意将泡沫作为一种政策工具来运用。众所周知，经济周期是客观存在的，为迎合广大选民的支持，政策制定者往往使尽浑身解数、不遗余力地推动经济持续增长，尽管泡沫经济的发展在长期来看是弊大于利，可泡沫经济的发展确实可以带来短期的经济繁荣，从而为政策制定者赢得更多的选票。既然泡沫经济的出现在所难免，那么对泡沫经济的治理就显得相当重要。

## 第二节 泡沫经济破灭前的治理

加强泡沫经济破灭前的治理，其目的在于尽可能缩短泡沫经济的持续时间，降低泡沫经济破灭对经济的破坏程度。当一国出现了泡沫经济之后，利用相应的经济政策挑破泡沫从理论上来讲并不是什么困难的事情。可是，从技术上来说，操作难度比较大。稍有不慎，可能将经济推向衰退的边缘，以致政策制定者们在政策出台上一再犹豫，耽误治理泡沫经济的时机，放任泡沫膨胀到一定程度后自动破灭或者在万不得已的情况下被动挑破泡沫。例如，日本泡沫经济、泰国泡沫经济，都是泡沫经济已经接近于走到了尽头时才破灭，结果这些国家都遭受了巨大的泡沫经济恶果。因此，分析治理泡沫经济过程中可能遇到的各种问题并研究相应的对策是十分必要的。

### 一、泡沫经济破灭前治理的阻力

泡沫经济之所以反复出现，是由于一国政府对泡沫经济的治理难度很大，主要源于政治上的阻力、技术上识别泡沫经济的局限和政策调整的难度。

**1. 政治上的阻力**

从短期来看，资产泡沫似乎使得社会财富增加了，人们感到自己更加富有，虽然身处泡沫经济中，人人愿意享受这种虚假的繁荣，似乎没有人受到损害。从泡沫经济中各利益阶层来看，似乎没有人是泡沫经济的天生敌对者，在大规模泡沫膨胀时期，主要的受益者是那些手中持有大量泡沫的资产者，他们绝不希望泡沫破灭，而是希望泡沫越吹越大。这些泡沫资产的主要持有者一般来说都是社会富有者，或者是能够通过各种融资方式获得大量社会资金者。如果把他们看做一个社会阶层，则由于其雄厚的经济实力、广泛的社会联系而往往具有极高的社会活动能力，他们一方面会借助各方力量和各种舆论工具鼓吹现有资产价格的合理性，制造并传播经济可以持续繁荣的神话；另一方面，他们则会利用各种方式对政策制定者施加影响，极力阻止国家对泡沫经济进行治理。而在政府官员中也难免会有一些人成为他们的代理人，甚至共同利益者，如在历次泡沫经济中，都有部分政府官员的全力参与。而且，即使不是泡沫经济既得利益阶层的代理人或共同利益者，政府官员中的某些人也往往不愿意看到因泡沫经济破灭而可能引发的经济萧条。没有拥有泡沫资产的一般居民也不愿意看到泡沫经济的破灭，因为那将意味着经济萧条和失业率的上升，因为其中的每个人都将受到伤害。可见，从自身利益的角度来看，多数人都会自觉不自觉地成为泡沫经济真正受益者的同路人，从而共同构成反对治理业已存在的泡沫经济的社会力量[20]。

**2. 技术上识别泡沫与泡沫经济的局限**

由于有些资产内在价值的难以确定，要度量该种资产泡沫有多大相当困难。对泡沫经济而言，它的形成和破灭没有一定的规律性和固定的周期长度，即使我们对它的形成和破灭的影响因素可能了如指掌，可根据现有的数据和研究手段无法预测它何时形成、破灭以及它形成到破灭的时间长度。从目前的理论研究来看，一些专家、学者建立了泡沫与泡沫经济的预警模型，力图及时发现泡沫，防止经济泡沫向泡沫经济演变或者缩短泡沫经济的持续时间，尽可能减轻泡沫或泡沫经济破灭对整个经济系统的冲击。然而，这些预警模型在具体应用上缺乏可操作性。经济泡沫何时演变成泡沫经济，就正如多少颗沙砾才能形成沙堆一样难以预测[21]；泡沫经济何时破灭，就像测定压断骆驼背的最后一根稻草一样困难[22]。显然，临界点的确定仍然是一个谜。本书曾打算在这方面有所突破，可历时 6 年多的研究仍没有找到解决方案。既然在经济泡沫与泡沫经济的识别上存在局限，政策制定者在政策出台上往往再三犹豫，唯恐阻止经济繁荣进程。例如，美联储主席格林斯潘在 1996 年底就宣称美国股市的“非理性繁荣”，可不久，他又鼓吹经济及股市进入“新时代”，从而导致在政策调整上一拖再拖。直到 1999 年美国经济出现通胀苗头，他才采取紧缩政策挤压泡沫，结果造成纳斯达克指数暴跌及美国经济的衰退。

**3. 政策调整的难度**

如果宏观经济管理当局察觉到泡沫的存在及泡沫经济的出现，并置各方面的压力而不顾，打算通过政策调整来主动挑破泡沫，以阻止泡沫继续膨胀或泡沫经济的进一步蔓延。那么，政府选择什么样的政策来治理呢？若政策运用不当，可能导致整个国民经济的全面恶化。治理泡沫的目的在于改变资产的市场价格和内在价值，以缩小两者的差额。从政策效果来看，大致可能出现以下三种情形：① 资产价格下降，内在价值提升。② 资产价格下降，内在价值不变。③ 资产价格和内在价值同时下降，但资产价格下降速度快于内在价值下降速度。可现实经济中政府政策调整的结果往往导致第三种情形的出现，因为出现泡沫经济的国家通常采取紧缩的货币政策来治理泡沫，可小幅提高利率达不到治理的目的，必须大幅提高利率，然而大幅提高利率又影响实体经济的发展。例如日本在20世纪80年代末90年代初、美国在90年代末相继提高利率打压股价，股价虽然下跌了，然而企业盈利也随着下降，于是要求股价大幅度下跌才能挤出泡沫，其结果是可想而知的。同时，货币政策调控资产价格并不马上见效，往往存在一段时滞。由于政策调整的困难，不到万不得已，政府不会主动去挑破泡沫。

由此可见，一般来说，若不是泡沫经济由于自身固有的运行规律发展到穷途末路，那么想通过政府经济政策的主动调整进行治理来戳破泡沫，是极其困难的。

## 二、理论界对泡沫经济治理政策的探讨

对于泡沫经济破灭前的治理，国内学者几乎没有多少研究成果，国外学者进行了一定的探讨，提出了一些政策建议。

艾伦和格尔（Allen and Gale，1999）强调了信贷水平及其波动性对资产价格决定的重要性，认为货币政策和对银行的准备金要求对于阻止资产泡沫的发展有重要作用。贝南克和格特勒（Bernanke and Gertler，1999）认为，单靠货币政策这一工具并不能充分地控制资产价格膨胀与破裂所带来的潜在破坏影响，设计良好且透明的法律和会计制度，一个有助于限制银行和公司风险头寸的健全监管架构，以及可以赋予公众对经济基本面信心的

审慎财政政策，都是使经济免于金融混乱影响的总体经济战略至关重要的组成部分。他们认为，在实践中，实行盯住资产价格的货币政策是比较困难的，因为中央银行很难辨别出资产价格变化是由基本面因素引起的还是由非基本面因素引起的或者两种因素共同引起的。波尔多和惠洛克（Bordo and Wheelock，2004）认为，货币政策被看做是资产价格膨胀的一个可能原因，也被认为是在给宏观经济不稳定之前可以消除资产价格繁荣的一个工具。阿尔奇安和克莱恩（Alchian and Klein，1973）认为货币当局应当关注包括资产价格的价格指数。波尔多和珍妮（Bordo and Jeanne，2002）支持运用货币政策对资产价格的上涨进行干预，并认为预先采取干预行动消除资产价格可以看做是一种为泡沫破裂后产生下降所提供的保险。切凯蒂（Cocchetti，2000）指出当资产价格与基本面不相匹配时，货币政策对此应该作出反应。格鲁恩、普兰姆和斯通（Gruen，Plumb and Stone，2003）认为资产价格泡沫给货币政策的制定提出了很多难题。

## 三、泡沫经济破灭前的治理对策

回顾以往世界各国对泡沫经济的治理措施，大都存在如下缺陷：①往往只注重经济方面的改革。泡沫经济的形成，既有经济因素，也有政治因素。一些政府机构和官员无视国家法纪，动用各种权力和手段，参与金融投机，推波助澜，促成了泡沫的膨胀和泡沫经济的形成。例如，日本7家住宅金融专门公司无视日本银行法，把大量资金用于房地产投机等；在“南海泡沫”事件中也存在着官商勾结的现象。②尚未建立起有效的泡沫经济预警系统，导致政策制定者对泡沫经济的程度认识不够，看法不一致，从而延误治理时机。③在泡沫经济繁荣并即将崩溃时，政策制定者往往匆忙采取应急措施，结果引发经济的全面衰退。

针对各国政府过去治理泡沫经济中存在的问题，作者在此提出如下对策，为各国政府治理泡沫经济提供参考。

**1. 加强廉政建设**

泡沫经济的形成，离不开过度投机的推动，而每一次投机活动，一般伴随着腐败现象（如官商勾结）的发生。只有对政府官员加强廉政建设，防止政府官员成为泡沫经济的直接受益者或同谋者，才能使政府官员站在公正的立场从关心整个社会福利的角度出发，切实履行政府职责管理经济，从而增强泡沫经济治理的社会力量。

**2. 构建泡沫经济预警系统**

各国应根据现有的泡沫经济研究成果，尽快设计出一套行之有效的泡沫经济预警系统，便于决策者正确把握时机、及时果断地采取行动。根据泡沫经济的生成机理，预警系统应考虑微观层面和宏观层面的预警。微观层面上，加强资产泡沫的测定和评估、资产流向和流量的监控，做好资产泡沫的预警；宏观层面上，密切关注资产泡沫对消费、投资、经济增长、就业率、物价指数的影响，做好宏观经济形势异常变动的预警。目前要对泡沫经济的形成进行精确预警难度很大，并不表明理论上的预警系统一定缺乏可操作性。其实，资产泡沫的出现、膨胀和泡沫经济的形成都有一定的规律可循，只要我们密切关注微观经济和宏观经济运行中的异常信号，从异常信号中寻找预警指标进行预警，至少可以引起政策制定者的高度重视，从而采取果断措施进行治理。

**3. 控制资金的流向和流量**

目前，通常所采用的宏观治理政策是提高利率，目的在于提高投机成本，其实抑制投机的作用是有限的，受伤害的倒是实体经济。因为泡沫经济的形成是资金的非均衡流动导致资产价格上涨而引起的，属于结构性问题，那么政策的制定应在适度控制总量的同时，重点控制资金的流向和流量，以减少泡沫资产的资金可得量而不是仅仅提高可得资金的成本。例如，日本政府为治理地产泡沫，提高利率，收效并不明显。可对不动产融资采取总量控制措施后，不动产融资余额增长速度明显放缓，土地交易以及地价走势发生了很大的变化，政策效果非常显著。20世纪90年代以来，中国政府通过清查银行资金治理房地产泡沫和股市泡沫的做法也是相当成功的，既抑制了泡沫，又避免了经济的大起大落。

加强泡沫经济破灭前的治理工作，目的是防范泡沫经济破灭酿成危机。但需要说明的是：我们不应幻想我们有能力防范泡沫经济破灭，也不应该认为消除了所有危机症状，就一定是令人满意的结果。在市场经济国家中，在修正政策失误（某些失误总要发生的）或调整泡沫经济条件的资源配置失当（这种情况也还会发生）方面，危机一贯起着有效的作用。即使在运作良好的市场经济国家中（如美国），出现偏差也是不可避免的。尽管消除这些偏差的行动进展不顺利，在早期阶段消除它们，也比放任它们变大、变复杂，并最终导致真正无法治理的危机要好。

## 第三节　泡沫经济破灭后的治理

### 一、各国泡沫经济破灭后的治理对策比较与评价

关于泡沫经济破灭后的治理对策，各国的国情不同，相应地

有不同的对策。本书选择三个有代表性的国家（日本、泰国和美国）来分析泡沫经济破灭后的治理对策。

**1. 各国泡沫经济破灭后治理对策比较**

（1）日本的治理对策。日本泡沫经济崩溃后，出现了资产价格的下跌和经济增长速度的下降。从1990年起，日本股票价格开始下跌，到1992年8月19日，日经指数一度下跌至14650点，突破了金融体系运转的生命线——15000点大关。此后10日一直盘旋在15000点生命线以下，其最低点与1989年末日本泡沫经济高峰时期38915点相比，日经指数下跌了62%。到1998年以后，日经指数在10月1日下降到13197点，10月9日曾跌破13000点大关，再创历史新低。从1992年开始，到1999年房地产价格已连续8年下降。设价格指数1990年3月为100%，1999年3月末下降为79.3%[23]。实体经济增长率从1990年的5.6%下降到1991年的2.9%，1992～1994年一直停留在0.5%左右，1995、1996年，增长率分别升至3.0%和4.4%，开始逐渐显现出复苏的迹象，然而到了1997年，再度出现衰退，跌至-0.4%。为刺激有效需求，抑制经济增长速度的减缓，日本采取了扩张性货币政策，在1991年7月日本央行将官定利率由1990年的6%下调到4.5%，到1995年共分8次将利率逐渐降至1%的水平，1998年9月9日又把隔夜拆借利率诱导至0.25%的超低水平。1999年3月3日，进一步降至0.03%的水平，在扣除货币经纪商佣金后，利率实际为零[24]。利率的下降并没有刺激日本居民消费的增长。到1998年，财政政策转变为“停止重建财政，通过减税和增加公共建设项目开支来促进经济增长”。

在健全金融体系的政策方面，首先采取拖延策略。拖延策略非但没有把日本从泡沫经济的泥潭中拯救出来，反而拖垮了日本银行业的信誉。1995 年日本主要银行在国际金融市场上的信用等级下降，严重打击了日本金融界的信心。到了 1996 年，为了处理住宅金融公司问题而投入了 6850 亿日元的公共资金，但遭到了舆论的批评，在此之后的很长一段时间，政府及金融监管当局均视公共资金为禁忌。直至 1998 年当局才开始先后投入 30 万亿日元以及 60 万亿日元的公共资金进行干预。

(2) 泰国的治理对策。因泡沫破裂而出现金融危机后，泰国于 1997 年 8 月 6 日接受了国际货币基金组织非常苛刻的 160 亿美元的救援计划，便在国际货币基金组织的指导下采取紧缩性财政政策和货币政策维护本币币值稳定。到 1997 年第四季度，金融危机超出人们预期的不断恶化和扩展，对 1998 年经济增长的预期下调为负，金融危机开始向经济危机演变，失业问题日益突出。随着危机的不断深入和泰国对危机本质认识的不断深化，其宏观经济政策也随之发生着相应的变化。国际货币基金组织从 1998 年第一季度开始允许泰国采取赤字财政刺激经济，并将财政支出中不具有生产力的公共支出部分大量转移至社会安全网的建立健全上，以期一方面刺激经济增长，另一方面减低金融危机引发的社会成本。并且，泰国从 1998 年后放弃国际货币基金组织建议的紧缩性货币政策，转而采取较以往更为稳健的货币政策，降低商业银行贷款利率至 8%，为 10 年来的最低水平[25]。从时间序列上看，1997 年下半年的紧缩政策旨在维护本币币值稳定，1998 年后的宽松宏观政策着重于刺激需求。

全面改革金融体制。泰国于 1998 年 9 月宣布了对金融体系进行全面改革的计划，中央银行对 6 家长期面临资金短缺的中小型银行进行了干预并对其实行国有化，关闭了 56 家因对房地产投资而出现巨额坏账的金融机构。泰国政府还采取了一系列政策来抑制外汇过度投机，这些政策包括：①规定在外汇市场上进行非贸易性质的互换业务金额不得超过 200 万美元。②限制本地银行向外国投机者拆借泰铢。③缩短出口商在商业银行存放美元的期限，从 180 天缩短为 120 天。④利用信贷计划以应付出口订单的商家必须卖掉 50％的已签订远期外汇交易合同。对于金融系统中因泡沫经济破裂而造成的巨额不良债务问题，泰国政府根据国际货币基金组织的建议，采取了如下三条对策：①政府注资，泰国政府在 1998 年 8 月宣布将筹集 80 亿美元注入银行系统。②由经营状态较好的银行兼并那些濒临破产的银行。③资产重组，将不良资产和优质资产分开管理。1998 年泰华农民银行重组时所需的 400 亿泰铢就是通过泰国国内财团发行新股和次级信托债券的方式筹集的。曼谷银行和大城银行等其他银行也宣布了类似的资产重组方案。

虽然这些措施不能让泰国经济马上摆脱困境，但至少可以防止其经济的进一步恶化，为恢复增长奠定了重要基础[26]。

(3) 美国的治理对策。美国纳斯达克指数在 2000 年 3 月达到 5132.52 点的高峰后开始一路下跌，年底收于 2471.9 点，全年下跌 39.3％，意味着科技网络股泡沫的破灭。在货币政策方面，2001 年 1 月美联储开始下调联邦基金利率，经过连续 13 次操作，将利率由 6.5％逐渐减至 1.0％，为 1960 年以来的最低点。美联储这次如此频繁的降息在历史上是前所未有的，虽然各界对此看法不一致，但其对阻止美国在网络股泡沫破灭后经济衰退以及促进经济复苏所起的作用是不容忽视的。在财政政策方面，小布什上台伊始就提出了 10 年减税法案，2003 年的减税计划为 6740 亿美元，到 2003 年 9 月，美国的财政赤字超过了

4000亿美元，占GDP的4%。

**2. 各国泡沫经济破灭后治理对策评价**

(1) 对日本治理对策的评价。①治理对策滞后。在日本泡沫经济破灭初期，日本政府当局把资产价格严重缩水视为经济周期中出现的正常现象，基本上没有采取任何对策。对于货币政策，直到1991年7月才转为缓和，官定利率逐步下调，从泡沫破灭到采取对策，日本的“认识时滞”长达18个月。对于不良债权问题，也未能及时加以解决，并且想隐瞒事实，寄希望于随着时间的发展而能自动解决，结果出现很多金融机构倒闭，银行不良债权大幅增加，据日本大藏省公布的数据，金融机构不良债权从1995年6月6日的40万亿日元上升到1998年1月12日的76.708万亿日元。由于巨额不良债权的存在，低利率政策并未促进日本经济的增长。②治理政策缺乏连续性。日本政府在制定和实施政策时存在的最大的问题是缺乏连续性。在财政政策方面，政府在1996～1997年推行“重建财政、复兴经济”的政策，增税（把消费税从3%提高到5%）并削减公共建设项目的开支。而到1998年，政府的政策又转变为“停止重建财政，通过减税和增加公共建设项目开支来促进经济增长”。为刺激经济，大幅度削减了个人所得税和公司税，把公司税率从46%左右降至40%。日本政府增税又减税，而日本民众认为减税是手段，增税才是实质，结果政府通过减税来刺激消费的愿望落空了。在货币政策方面，每次利率调整都没有给投资者一个明确的预期。例如，在2000年上半年时，经济金融形势稍有好转，8月11日日本央行就宣布解除零利率政策，将隔夜拆借利率提高到0.25%。不久经济又开始下滑，股市下跌。2001年3月18日，日本政府宣布日本经济又陷入战后最严重的通货紧缩中，央行不得不再次实行宽松的货币政策，将再贴现率向下调。

（2）对泰国治理对策的评价。泰国在泡沫经济破灭发生金融危机后，通过接受国际社会援助和自我调整的方式，积极应对出现的问题。①适时调整宏观调控政策。泰国在泡沫破灭初期（1997 年 8 月初）采用了紧缩性财政政策和货币政策。而在同年第四季度情势有所恶化的情况下，于 1998 年初转而采用宽松的货币政策和财政政策，避免了经济的进一步恶化。②积极恢复金融系统正常运转。为阻止因货币贬值引发泡沫破灭出现的金融危机，快速向国际货币基金组织申请援助，充分发挥了国际货币基金组织恢复金融系统正常运转功能的作用，防止了恐慌进一步蔓延及危机进一步加深。同时，积极采取注资、兼并以及资产重组等措施解决巨额不良债务问题，反应上明显比日本在 20 世纪 90 年代泡沫经济破灭后所出台的政策要快，使泰国经济不久走上复苏之路。

（3）对美国治理对策的评价。美国金融体系对资产价格下降的冲击具有较强的承受能力，在科技网络泡沫破灭后，美国政府着重采用利率工具调控经济，使得衰退持续的时间短，失业率为历次衰退中最低，经济增长率一直保持为正数。之所以取得如此好的效果，有两点值得借鉴。①调控时机把握得当。美联储的货币政策紧盯美国的经济表现和股市走势。2000 年初上调利率以抑制经济过热，后转向中性，到年末再从中性转为关注经济疲软。2001 年 1 月 3 日，美联储突然宣布降息，联邦基金利率降低 0.5 个百分点，贴现率下调 0.25 个百分点。美联储在年初而不是在稍后的 2001 年第一次决策例会（2001 年 1 月 30～31 日）上就出人意料地降低利率，这在美联储决策历史上比较少见，分析家认为美国股市新年开始第一天的暴跌是触动美联储提前降息的主要原因。美联储之所以如此迅速地对泡沫破灭作出反应，与日本央行的教训所提供的前车之鉴有一定的关系[27]。②调控政策强调预期。美联储每次降息幅度都很小，25 或 50 个基点，即采用了微调的方式，并且在调整利率之前，格林斯潘就会通过在国会作证和其他各种场合的讲话，让投资者产生一定的心理预期，给投资者留有调整投资行为的余地，这有利于经济主体形成一致的经济复苏预期。

通过对日本、泰国和美国各自在泡沫破灭后所采取的对策措施进行分析，从中可以发现，泡沫破灭后政策当局的态度与所采取的措施对防止经济衰退以及促进经济复苏具有很大作用。从泰国的做法可以看出，在泡沫破灭后采取系统而及时的应对措施以恢复金融系统的正常运转功能是非常重要的，否则，即使采取降息等扩张性的政策也会失效。所以，在泡沫破灭后要尽快恢复金融系统的正常运转功能。

## 二、泡沫经济破灭后的治理对策建议

历史上各国应对泡沫经济破灭的对策措施可谓多种多样，有的甚至截然相反。如何根据本国所处具体环境选择合适而有效的对策，成为各国政府必须面对的一个问题。下面将对此展开研究，提出选择治理政策的原则及相应的对策，以供各国政府决策者参考。

### 1. 选择治理政策的原则

(1) 属性原则。即要考虑适用某种政策选择的内外部条件。任何一种治理政策的实施既有其有利的一面，也有其不利的一面；既不乏成功的案例，也有许多失败的例子。治理政策究竟在何种条件下才能充分发挥其正面效应，最大限度地防范化解危机是政策制定者所关心的焦点问题。

（2）成本—收益原则。即选择任何一种政策必须权衡其成本与收益。任何一种政策措施都有其相应的成本与收益。因此，一国政府在出台政策前应先对其可能产生的积极效应和负面影响作出评估，然后就是否采用和实施力度作出决定。

（3）综合评判原则。即全面考虑多种政策同时使用时的综合效应。由于现代泡沫经济形成和破灭原因的多元化及破灭后对经济影响的多重性，其应对措施也不可能是单一的，往往要求“多管齐下”、共同治理。此时，综合考虑各种政策措施间的交互影响也会十分重要。所以，一国政府制定政策组合还必须注重评判其综合效果。

**2. 具体对策**

在遵循上述三大原则的基础上，一国政府可以考虑运用下列对策来治理泡沫破灭后的经济，将危机造成的损失降到最小。

（1）阻止资产价格的快速下跌。泡沫经济破灭是资产价格快速下跌引发的，阻止资产价格的快速下跌成了泡沫经济破灭后的首要治理目标。资产价格下跌，一方面造成居民财富缩水，使人们产生“持久性收入”减少的预期，加上对未来经济不确定性预期的增强，居民消费会锐减；另一方面造成企业收入和设备投资减少，经营日益困难，甚至不少企业最终走上破产、倒闭的道路。若有银行资金的介入，同时会造成部分银行资不抵债而破产，银行的破产又必然使与这些银行有借贷往来的企业发生倒闭，企业倒闭又引发其他银行破产，引起连锁反应，出现一系列的挤兑风潮和破产事件，最终危及整个银行体系，结果形成金融危机。当消费和投资出现萎缩时，经济衰退不可避免，经济衰退无疑会打击经济主体的信心，进一步加剧资产价格的下跌和金融危机的深度，甚至出现全面的经济危机。根据上述影响机制，政府的首要任务是阻止资产价格的快速下跌。

对股票和房地产等资产价格泡沫破灭后的治理，采取增加需求、减少供给的措施。在增加需求上，实施宽松的货币政策，增加流动性，降低投资成本；实施宽松的财政政策，减轻企业和居民的负担，提高企业的投资能力和居民的购买能力。在减少供给上，减缓股票发行步伐和房地产的开发速度。

对本币价格泡沫破灭后的治理。一方面，该国政府要动用外汇储备对外汇市场进行干预，若外汇储备有限，必须积极申请外部贷款援助，充分发挥以国际货币基金组织为首的一系列愿意且能够提供援助贷款的国际金融组织和有关国家政府组成的国际最终贷款人的作用；另一方面，密切监控该国居民所持外币的非法流出，必要时实施资本项目管制。在泡沫破灭初期，一般应采用外汇管制措施，及时有效地稳定经济金融体系，待宏观经济形势和外部环境出现转机，市场信心初步恢复后，转而采用对短期资本流动征税等措施，并在此之后逐步解冻，重新建立国内外经济金融间的紧密联系。

（2）恢复经济主体的信心。泡沫的形成和破灭较多地受到个人信心和预期的影响，恢复经济主体的信心是阻止资产价格快速下跌和稳定经济金融形势的重要保障。经济主体的信心恢复取决于政府的信心、政策干预的时机和政策的良好预期等因素。政府的信心，无疑会坚定经济主体的信心；政策干预的及时可以尽快恢复经济主体的信心，避免信心丧失出现累积效应；政策的良好预期离不开政策的连续性。

另外，消除信息不对称，增加信息透明度，是杜绝经济主体“羊群行为”、恢复经济主体信心的重要手段。降低经济主体收集、分析信息成本，有助于经济主体理性预期的形成，可避免出现“羊群行为”而导致市场恐慌、经济不稳定，从而达到稳定经济主体信心的目的。消除信息不对称，增加信息透明度，需要完善信息披露制度。如何完善信息披露制度，本章第一节已有探讨，在此不再重复。

(3) 促进金融系统正常运转。当泡沫破灭时，资产价格的下跌一般会导致银行不良资产的大量增加，使得银行因出现流动性危机而破产、倒闭。由于银行间业务上的紧密联系和公众信心关系，单个银行，特别是大银行的危机可能导致银行的连续倒闭，从而引发金融危机。戴梦德和戴维格（Diamond Douglas and Dybvig Philip，1983）分析了银行挤兑模型，指出任何引起存款者预期挤兑将要发生的事件都有可能导致挤兑的现实发生，而与银行本身的健全与否无关，并提出银行必须特别关注对存款者信心的维护。可见，及时处理银行不良资产，促进金融系统正常运转，消除公众因担心银行倒闭而失去其存款的恐慌心理，可能避免金融危机或阻止危机进一步恶化。

为促进金融系统正常运转，可采取一系列应急性调整措施：第一，关闭无清偿能力的金融机构，将资产转移给管理或重组机构，通过专门的资产管理公司收购金融机构的呆账、坏账，以此盘活银行不良资产。第二，对在短期内出现流动性困难，尚具有竞争力的银行实施债务重组。第三，政府注入公共资金，充实银行体系资本金。此外，政府应向公众承诺，保证其存款的安全。

**注释：**

[1]［美］理查德·布隆克．质疑自由市场经济［M］．南京：江苏人民出版社，2000.8

[2] Karly Bowman. A reaffirmation of self-reliance : A new ethic of self-sufficiency. *The Public Perspective*, 1996 (2): 5～8

[3] 廖湘岳．我国虚拟经济现状分析及发展对策研究［J］．求索，2002 (2): 31

[4] 李心丹．行为金融学——理论与中国的证据［M］．上海：上海三联出版社，2002. 110

[5] 石俊志．金融危机生成机理与防范［M］．北京：中国金融出版社，2001. 222

[6] 刘元海．金融市场操纵理论评述［J］．经济学动态，2002 (10): 64～65

[7] 谢经荣等．地产泡沫与金融危机［M］．北京：经济管理出版社，2002. 91

[8] 梁宇峰．股市泡沫问题研究［D］．复旦大学，2001. 80

[9] 刘明兴，罗俊伟．泡沫经济与金融危机——1997年亚洲金融危机的案例［J］．经济导刊，2000 (4): 72～73

[10] 陈学彬等．当代金融危机的形成、扩散与防范机制研究［M］．上海：上海财经大学出版社，2001. 174

[11] 郁方．金融癌症——全球风险与秩序重整［M］．广州：广东人民出版社，2002. 192～193

[12] 刘明兴，罗俊伟．泡沫经济与金融危机——1997年亚洲金融危机的案例［J］．经济导刊，2000 (4): 75

[13] 许国平．再析东南亚金融危机——泡沫经济产生的根源［J］．金融研究，1998 (10): 37

[14] 杜厚文，朱立南．世界经济学——理论·机制·格局［M］．北京：中国人民大学出版社，1994. 395～398

[15] 谢经荣等．地产泡沫与金融危机［M］．北京：经济管理出版社，2002. 111～115

[16] 孙执中．战后资本主义经济周期史纲［M］．北京：世界知识出

版社，1998.229～232

［17］成思危．虚拟经济理论与实践［M］．天津：南开大学出版社，2003.252～253

［18］陈学彬等．当代金融危机的形成、扩散与防范机制研究［M］．上海：上海财经大学出版社，2001.147

［19］［英］爱德华·钱思乐．投机狂潮［M］．四川：西南财经大学出版社，2000.47

［20］王子明．泡沫与泡沫经济非均衡分析［M］．北京：北京大学出版社，2002.207～208

［21］［美］埃德加·E. 彼得斯．资本市场的混沌与秩序［M］．北京：经济科学出版社，1999.163

［22］［美］埃德加·E. 彼得斯．资本市场的混沌与秩序［M］．北京：经济科学出版社，1999.110

［23］孙执中．日本泡沫经济新论［M］．北京：人民出版社，2001.36

［24］李雅丽．美日两国资产泡沫治理的比较分析［J］．新金融，2006(4)：27

［25］陈学彬等．当代金融危机的形成、扩散与防范机制研究［M］．上海：上海财经大学出版社，2001.632～638

［26］黄成业．日本、东亚国家与美国泡沫的比较研究［D］．复旦大学出版社，2006.146

［27］李雅丽．美日两国资产泡沫治理的比较分析［J］．新金融，2006(4)：27

# 参考文献

## 一、中文部分

1. 张灿．金融泡沫理论研究［M］．上海：上海财经大学出版社，2003

2. 陈继勇．21 世纪初的美国经济［M］．北京：中国经济出版社，2003

3. ［美］金德尔伯格．经济过热、经济恐慌及经济崩溃：金融危机史［M］．北京：北京大学出版社，2000

4. 杨琳．金融发展与实体经济增长［J］．中国金融出版社，2002（4）

5. 凯文·多德，默文·K. 刘易斯．金融与货币经济学前沿问题［M］．北京：中国税务出版社，2001

6. 孔祥毅等．百年金融制度变迁与金融协调［M］．北京：中国社会科学出版社，2002

7. 李拉亚．通货膨胀与不确定性［M］．北京：中国人民大学出版社，1995

8. 李拉亚．通货膨胀机理与预期［M］．北京：中国人民大学出版社，1991

9. 王伟东．经济全球化中的金融风险管理［M］．北京：中

国经济出版社，1999

10. ［美］约翰·W. 斯考特，珍·阿贝特. 股市心理学[M]. 成都：西南财经大学出版社，2001

11. 戴国强，吴林祥. 金融市场微观结构理论［M］. 上海：上海财经大学出版社，1999

12. 张圣平. 偏好、信念、信息与证券价格［M］. 上海：上海人民出版社，2002

13. 彭兴韵. 金融发展的路径依赖与金融自由化［M］. 上海：上海人民出版社，2002

14. ［巴］阿赫塔尔·霍赛恩，阿尼斯·乔杜里. 发展中国家的货币与金融政策——增长与稳定［M］. 北京：经济科学出版社，2001

15. 刘涤源，谭崇台. 当代西方经济学说［M］. 武汉：武汉大学出版社，1983

16. 卢圣宏. 纳斯达克指南［M］. 上海：上海财经大学出版社，2000

17. 张亦春，王先庆. 国际投机资本与金融动荡［M］. 北京：中国金融出版社，1998

18. ［比］亚历山大·兰姆弗赖斯. 新兴市场国家的金融危机［M］. 成都：西南财经大学出版社，2002

19. 王自力. 反金融危机——金融风险的防范与化解［M］. 北京：中国财政经济出版社，1998

20. ［美］莫顿·米勒. 金融创新与市场的波动性［M］. 北京：首都经济贸易大学出版社，2002

21. 刘园，王达学. 金融危机的防范与管理［M］. 北京：北京大学出版社，1999

22. ［美］李玲瑶．当代经济金融研究新视野［M］．北京：中国经济出版社，2003

23. 余杰．国际资本流动与发展中国家证券市场［M］．成都：西南财经大学出版社，2000

24. 姜波克．国际金融学［M］．北京：高等教育出版社，1999

25. 胡永刚．当代西方经济周期理论［M］．上海：上海财经大学出版社，2002

26. 丁一凡．平衡木上的金融游戏：从债务危机到金融危机［M］．北京：华夏出版社，2002

27. 李建军，田光宁．九十年代三大国际金融危机比较研究［M］．北京：中国经济出版社，1998

28. ［美］科特勒，［印尼］卡塔查亚．重塑亚洲：从泡沫经济到可持续经济［M］．上海：上海远东出版社，2001

29. 郭吴新等．90年代美国经济［M］．太原：山西经济出版社，2000

30. ［日］桥本寿郎等．现代日本经济［M］．上海：上海财经大学出版社，2001.

31. ［美］阿维纳什·迪克西特，罗伯特·平迪克．不确定条件下的投资［M］．北京：中国人民大学出版社，2002

32. 李小牧等．金融危机的国际传导：90年代的理论与实践［M］．北京：中国金融出版社，2001

33. 孔祥毅．宏观金融调控理论［M］．北京：中国金融出版社，2003

34. 苏学文．金融创新与金融产业升级研究［M］．长沙：国防科技大学出版社，2002

35. 陆建清等 . 投资心理学 [M] . 大连：东北财经大学出版社，2000

36. [美] 埃德加·E. 彼得斯 . 分形市场分析——将混沌理论应用到投资与经济理论上 [M] . 北京：经济科学出版社

37. 易纲，王召 . 货币政策与金融资产价格 [J] . 经济研究，2002 (3)

38. 张文魁 . 股场盛世闻危言——评希勒教授的《非理性繁荣》[J] . 国际经济评论，2001 (5)

39. 秦晓 . 金融业的"异化"和金融市场中的"虚拟经济" [J] . 改革，2000 (1)

40. 乔红涛 . 泡沫经济的类型及形成机理 [J] . 金融教学与研究，1999 (2)

41. 窦祥胜，陈天慈 . 国际资本流动与泡沫经济简析 [J] . 金融与经济，2002 (1)

42. 范恒森，李连三 . 金融传染的渠道与政策含义 [J] . 国际金融研究，2001 (8)

43. 赵英军 . 1929 年华尔街股灾对货币政策启示 [J] . 中国货币市场，2003 (10)

44. 王航，汪洋溢，马亮 . 金融创新与货币政策有效性研究 [J] . 上海金融，2003 (8)

45. 刘志阳 . 国外行为金融理论述评 [J] . 经济学动态，2002 (3)

46. 朱武祥 . 行为公司金融理论及其发展 [J] . 经济学动态，2003 (4)

47. 胡昌生，蔡芳芳 . 行为金融与最优资产定价 [J] . 数量经济技术经济研究，2003 (8)

48. 王爱俭．金融创新与中国虚拟经济发展研究［J］．金融研究，2002（7）

49. 马明宇．美国银行监督法制的几个特点［J］．国际金融研究，2003（12）

50. 洪明．金融市场与经济增长的相关考察［J］．经济研究参考，2003（30）

51. 黄学庭．国外金融市场磨擦理论研究动态［J］．经济学动态，2002（12）

52. 章奇等．金融自由化、脆弱性和政策协调［J］．世界经济，2003（12）

53. 成思危．虚拟经济与经济危机［J］．管理评论，2003（1）

54. 张建伟．泡沫经济的实证分析与制度分析［J］．经济学动态，1997（3）

55. 黄正新．金融泡沫：理论模型与测度指标解析［J］．数量经济技术经济研究，2001（8）

56. 杨胜刚，刘昊拓．金融噪声交易理论对传统金融理论的挑战［J］．经济学动态，2001（5）

57. 曾康霖．解读行为金融学［J］．财经科学，2003（2）

58. 姚迈．“泡沫经济”的供给弹性论解释［J］．南方经济，1999（5）

59. ［美］凯塞·沃尔夫．美英如何诱导了日本的泡沫经济和银行危机［J］．当代经济科学，1998（2）

60. ［日］德地立人，宋文雷．从日本的泡沫经济看中国的股票市场［J］．国际金融研究，1998（6）

61. 余永定．泡沫经济与通货收缩［J］．国际金融研究，

1998 (6)

62. 张作云. 泡沫经济的根源、防范及治理 [J]. 南方经济研究，1998 (4)

63. 陈文玲. 从实物经济、虚拟经济、泡沫经济的互动关系看东亚金融危机爆发的必然性 [J]. 世界经济，1998 (12)

64. 吕克敏，刘荣. 泡沫经济问题研究 [J]. 经济体制改革，1999

65. 李维刚. 对日本泡沫经济的再反思 [J]. 现代日本经济，2001 (2)

66. 郭建强. 再议泡沫经济及其生成条件 [J]. 山西高等学校社会科学学报，2000 (10)

67. 王芳. 金融理论发展的新趋向 [J]. 世界经济，2002 (5)

68. 宋海鹏. 美国股指破万点关是泡沫经济的重要标志 [J]. 中国外汇管理，1999 (4)

69. 刘云鹏. 金融体系与泡沫经济 [J]. 经济导刊，1999 (5)

70. 张静中，梁晓沭. 泡沫经济的成因及其防范 [J]. 南京社会科学，1999 (5)

71. 叶泽方，方齐云. 实验经济学的方法论演进 [J]. 经济学动态，2002 (9)

72. 常巍，贝政新. 资本市场发展中的投资主体与投资行为 [J]. 经济研究，2002 (7)

73. 任寿根. 模仿行为经济学分析 [J]. 经济研究，2002 (1)

74. [日] 馆龙一郎，石弘光等. 日本“泡沫经济”的成因及影响 [J]. 经济学动态，1993 (9)

75. 温铁军. 美国学者林顿对世界金融市场崩溃的第九次预测 [J]. 改革，1996 (1)

76. 金洪飞．关于货币危机传染文献综述［J］．经济学动态，2001（7）

77. 朱全涛．心理经济学若干学术思想述评［J］．经济学动态，2001（10）

78. 曾康霖．简论金融中介学说的发展轨迹［J］．经济学动态，2001（11）

79. 沈红芳．东亚金融危机理论纷争与危机对经济理论的影响［J］．经济学动态，2001（11）

80. 张颖，方海，王兰芳．虚拟经济研讨会综述［J］．经济学动态，2001（1）

81. 梁宇峰．控制股市泡沫与货币政策目标［J］．证券市场导报，2001（5）

82. 李迅雷．我国股市的泡沫效应及持续性研究［J］．证券市场导报，2001（8）

83. 戴园晨．股市泡沫生成机理以及由大辩论引发的深层思考［J］．经济研究，2001（4）

84. 俞罡．新经济是否是泡沫经济［J］．管理科学文摘，2000（8）

85. 高德步．十八世纪初英国泡沫经济的产生与破灭及其历史教训［J］．中国人民大学学报，1994（2）

86. 丁忠明，王振富．泡沫经济的成因分析及治理途径［J］．煤炭经济研究，2000（6）

87. ［日］三木谷良一．日本泡沫经济的产生、崩溃与金融改革［J］．金融研究，1998（6）

88. 梁源灵．泰国泡沫经济的形成及其影响［J］．东南亚纵横，1999（1）

89. 王连臣．美国股市价格变动与泡沫经济［J］．北方论丛，2000（3）

90. 冯晓明．管理资本流入：发展中国家可供选择的政策工具［J］．世界经济，2001（6）

91. 黄正新．关于泡沫经济及其测度的几个理论问题［J］．世界经济与政治，2002（1）

92. 张纪康，殷伟．亚洲金融的开放与管制：现实与得失［J］．世界经济，2001（4）

93. 张亦春．利率市场化、汇率制度调整与货币政策独立性［J］．金融与保险，2003（9）

94. 杜厚文，伞文．虚拟经济与实体经济关系中的几个问题［J］．世界经济，2003（7）

95. 刘东．虚拟经济与实体经济［J］．理论视野，2003（2）

96. 任德新．日本八十年代股市泡沫的破灭及对我们的启示［J］．南京航空航天大学学报，2002（1）

97. 姚国庆．金融危机的传导机制：一个综合解释［J］．南开经济研究，2003（4）

98. 宋海燕．金融渠道的危机传染及其防范机制［J］．南开经济研究，2003（4）

99. 范爱军．金融危机的国际传导机制探析［J］．世界经济，2001（6）

100. 杨军．金融全球化下的宏观金融政策［J］．经济研究参考，2003（21）

101. 张亦春，许文彬．金融全球化、金融安全与金融演进［J］．管理世界，2002（8）

102. 冯用富．货币政策能对股价的过度波动做出反应吗？

[J]．经济研究，2003（1）

103．孙华妤，马跃．中国货币政策与股票市场的关系［J］．经济研究，2003（7）

104．易纲．萧条经济的回归：一个世界性的课题［J］．国际经济评论，2002（5）

105．赵涛，郑祖玄．信息不对称与机构操纵［J］．经济研究，2002（7）

106．刘元海，陈伟忠，叶振飞．金融市场操纵理论评述［J］．经济学动态，2002（10）

107．高峰，宋逢明．中国股市理性预期的检验［J］．经济研究，2003（3）

108．高德步．虚拟经济的起源［J］．南开经济研究，2002（4）

109．张秀英．虚拟资本与泡沫经济问题研究［J］．甘肃理论学刊，2001（2）

110．周晓明．美国泡沫经济面临破产［J］．商业研究，2000（1）

111．李小牧．“后泡沫经济时代”日本经济的特征及其出路［J］．中国房地产金融，2002（1）

112．景乃权，叶庆祥，陈新秀．证券市场羊群行为的机理及其在我国的应用［J］．国际金融研究，2002（8）

113．扈文秀，席酉民．经济泡沫向泡沫经济的演变机理［J］．经济学家，2001（4）

114．陈稳进．中外企业融资结构比较分析与启示［J］．南开经济研究，2002（3）

115．刘骏民．财富本质属性与虚拟经济［J］．南开经济研究，2002（5）

116. 刘晓欣．当代经济全球化的本质——虚拟经济全球化[J]．南开经济研究，2002（5）

117. 李宝伟，梁志欣，程晶蓉．虚拟经济的界定及其理论构架[J]．南开经济研究，2002（5）

118. 陈雨露．国际金融理论前沿问题述评[J]．国际金融研究，2002（7）

119. 伍志文．货币供应量与物价反常规关系的深层原因探讨[J]．改革，2003（3）

120. 蒋莱．亚洲经济复苏中的宏观经济政策评述[J]．国际金融研究，2001（6）

121. 黄少军．行为金融理论的前沿发展[J]．经济评论，2003（1）

122. 谢冰，彭洁．资产价格波动与通货膨胀预期关系研究综述[J]．经济学动态，2003（12）

123. 张青松．泡沫过后的世界经济与金融[J]．国际金融研究，2003（2）

124. 项卫星等．金融全球化：目标、途径以及发展中国家的政策选择[J]．国际金融研究，2003（2）

125. 周泽红．政府干预危机：日本经济陷入衰退的原因再思考[J]．现代日本经济，2003（1）

126. 黄小玉．资本市场价格泡沫与市场规模适度性分析[D]．东北财经大学，2005

127. 孙碧波．基于学习行为的噪声交易者情绪演化研究[D]．复旦大学，2005

128. 董大勇．基于行为金融理论的收益率分布主观模型研究[D]．西南交通大学，2006

129. 章卫祥，胡海鸥．发展中国家实行金融自由化的利弊分析［J］．安徽农业科学，2005（3）

130. 张荔．论初始条件对金融自由化效应的影响［J］．国际金融研究，2001（10）

131. 柳欣，郭金星．虚拟经济条件下的资本市场与宏观经济分析［J］．当代经济科学，2002（6）

132. 王瑾，王国忠．经济虚拟化与国际货币体系——布雷顿森林体系的延续［J］．管理现代化，2005（2）

133. 王召华．国际投机资本的流动及风险管理体系构建［J］．东北财经大学学报，2006（1）

134. 何问陶，王成进．虚拟经济下经济增长模式研究［J］．财贸研究，2006（2）

135. 肖才林．我国资产价格泡沫与货币政策［J］．新金融，2007（6）

136. 成家军．资产价格与货币政策：美国的经验教训及启示［J］．中国金融，2007（18）

137. 佘镜怀．资产价格与货币政策关系的理论探讨［J］．经济与管理研究，2007（10）

138. 肖扬清，徐宝林．资产价格波动与货币政策规则［J］．湖北经济学院学报（人文社会科学版），2007（2）

139. 徐慧贤．资产价格的波动与货币政策［J］．生产力研究，2007（5）

140. 刘洋文．资产价格泡沫、货币政策及内在传导机制的缺失［J］．金融经济，2007（2）

## 二、英文部分

1. Allen Franklin and Douglas Gale. Bubbles and crises . *The Economic Journal*, 2000 (110)

2. Allen Franklin and Gary Gorton. Churning bubbles. *Review of Economic Studies*, 1993 (60)

3. Barberis, Nicholas, A. Shleifer and R. Vishny. A model of investor sentiment. *Journal of Financial Economics*, 1998 (49)

4. Benartzi, S. , R. Michaely and R. Thaler. Do changes in dividends signal the future or the past? . *Journal of Finance*, 1997 (52)

5. Bernard, V. L. and J. K. Thomas. "Evidence that stock prices do not fully react the implications of current earnings for future earnings" . *Journal of Accounting and Economics*, 1992 (13)

6. Campbell, J. Y. and J. H. Cochrane. "By force of habit: A consumption based explanation of aggregate stock market behavior" . *Journal of Political Economy*, 1999 (107)

7. Cutler, D. , J. Porterba and L. Summers. "What moves stock price?" . *Journal of Portfolio Management*, 1989 (15)

8. Cutler, D. , J. Porterba and L. Summers. "Speculative dynamics" . *Review of Economic Studies*, 1991 (58)

9. C. Camerer. "Bubbles and fads in asset prices: A review of theory and evidence" . *Journal Economic Surveys*, 1989 (3)

10. Daniel Kahneman and Amos Tversky. "On the psychology of prediction" . *Psychological Review*, 1973 (80)

11. DeLong, J. Bradford, Andrei Shleifer, Lawrence

H. Summers and Robert Waldmann. "Noise trader risk in financial markets". *Journal of Political Economy*, 1990 (98)

12. DeLong, J. Bradford, Andrei Shldifer, Lawrence H. Summers and Robert J. Waldmann. "Positive feedback investment strategies and destabilizing rational expectations". *Journal of Finance*, 1990 (45)

13. Davidson, Paul. "Are Grains of Sand in the Wheels of International Finance Sufficient to do the Job when Boulders are Often Required?". *Economic Journal*, 1997 (107)

14. Diba, B. and H. Grossman. "Rational inflationary bubbles". *Journal of Monetary Economics*, 1998 (21)

15. Diba, B. and H. Grossman. "The theory of rational bubbles in stock prices". *Economic Journal*, 1998 (98)

16. Franklin, Allen and Morris, Stephen. "Finite bubbles with short sale constraints and asymmetric information". *Journal of Economic Theory*, 1993 (61)

17. Funke, Michael., Hall, Stephen. and Sola, Martin. "Rational Bubbles During Poland Hyperinflation: Implications and Empirical Evidence?". *European Economic Review*, 1994 (38)

18. Flood, R. and P. Garber. "Market fundamentals versus frice-level bubbles, The first test". *Journal of Political Economy*, 1980 (88)

19. Froot, K. and M. Obstfeld. "Intrinsic Bubble: The Case of Stock Prices". *American Economic Review*, 1991 (81)

20. Grether, D. M.. "Bayse' rule as a descriptive model: The representativeness heuristic". *Quarterly Journal of Eco-*

*nomics*, 1980 (95)

21. Garber, Peter M. "Famous first bubbles". *Journal of Economic Perspectives*, 1990 (4)

22. Hersh Shefrin. Beyond Greed and fear. *Harvard Business School Press*, 2000

23. Hirshleifer A. David. "Hedging pressure and futures price movements in a general equilibrium model". *Econometrica*, 1990 (58)

24. Hamilton, J.. "On testing for self-fulfilling speculative price bubbles". *International Economic Review*, 1986 (27)

25. Hirshlefer, David. "Investor Psychology and Asset Pricing". *Journal of Finance*, 2001 (56)

26. J. Bradford DeLong, Andrei Shleifer, Lawrence Summers and Robert Waldman. "Positive feedback investment strategies and destabilizing rational strategies". *Journal of Finance*, 1990 (45)

27. Kaminsky and Reinhart. "The twin crisis: the cause of banking and balance-of-payments problems". *The American Economic Riview*, 1999 (89)

28. La Porta, R.. "Expectations and the cross section of stock returns". *Journal of Finance*, 1996 (51)

29. Lakonishok Josef, Andrei shleifer and Robert W. Vishny. "The impact of institutional trading on stock prices". *Journal of Financial Economics*, 1992 (32)

30. Shefrin, H. and Meir Statman. "Behavioral portfolio theory". *Journal of Finance and Quantitative Analysis*, 2000 (35)

31. Shefrin, H. and R. Thaler. "The behavioral life of cycle

hypothesis". *Economic Inquiry*, 1988 (24)

32. Tirole, J. (1982): "On the possibility of speculation under rational expectations", *Econometrica*, 50, 1163～1181

33. Tirole, J. "Asset bubbles and overlapping generations". *Econometrica*, 1985 (53)

34. West, K. D. Bubbles, fads and stock pricevolatility tests: A partial evaluation. *Journal of Finance*, 1988 (43)

# 后记

在中南大学（原中南工业大学）求学期间（1993～1996年），神秘莫测的金融市场引起了我的关注，激发了我从事金融投资理论研究和实践探索的兴趣。2000年8月进入武汉大学攻读世界经济专业博士研究生，结合专业要求及个人兴趣，以泡沫经济的生成机理和防范研究作为博士论文选题，得到了导师组成员的高度评价及充分肯定。自2001年至今，本人一直专注于泡沫经济理论研究，已公开发表相关学术论文多篇，先后获湖南省社科规划项目、湖南省教育厅青年项目、教育部社科规划项目资助。

本书在博士论文基础上修改而成。它承载着爱护和关心我的师长、领导、朋友、同事及家人对我的殷切期望。首先要感谢给我传道、授业、解惑的诸位老师。在博士求学期间，导师陈继勇教授严谨的治学态度和渊博的理论素养使我受益匪浅，特别是在论文选题、构思到最后定稿过程中，陈老师倾注了大量心血。陈老师不仅是我学业上的导师，也是我人生的良师。他平和的处世态度、高尚的人格魅力、对教育事业忘我的献身精神，让我感悟到许多做人的道理。师母熊桂芳老师心地善良、待人热情，对我的生活和学习关怀备至，让我非常感动。感谢郭吴新教授、周茂荣教授、高玉芳教授、李裕宜教授、张彬教授、张建清教授、李卓教授等在学业上对我的指导和鼓励。能够进入武汉大学攻读博士学位，离不开大学、硕士阶段老师们的精心培养，在此深表感谢。

感谢湖南科技大学为我提供了难得的学习机会，感谢学校领导对我学习、工作和生活上无微不至的关怀。许多朋友和同事也经常鼓励我、关心我，特别是陈安华教授、刘友金教授、邹新月教授曾多次鼓励和支持我考博，向国成教授为我提供了大量文献资料，罗发友教授、江海潮副教授对书稿提出了宝贵的修改意见，在此一并表示感谢。

借此机会，我要感谢父母和妻子多年来对我的支持和鼓励，他们的支持和鼓励是我求学路上最强大的精神动力。

书稿完成之时，我并没有太多的喜悦和满足，总感到还有很多值得研究的问题，创新的广度和深度还远远不够，这有待于在今后的研究中进一步深入。

**廖湘岳**

2008 年 4 月 30 日